BASTEI
LÜBBE
TASCHENBUCH

Weitere Titel des Autors:

Steh ich jetzt unter Denkmalschutz?

Über den Autor:

Sky du Mont, 1947 in Buenos Aires geboren, überraschte mit seiner selbstironischen Darstellung des eitlen Ganoven Santa Maria in Michael »Bully« Herbigs *Der Schuh des Manitu* alle, die ihn bisher als blasierten Beau abgekanzelt hatten. Abgesehen von zahlreichen Fernsehproduktionen in öffentlich-rechtlichen und privaten Sendern, spielte er auch in diversen Hollywood-produktionen, u. a. *Eyes Wide Shut* von Stanley Kubrick. Sky du Mont hat zudem Krimis veröffentlicht und landete zuletzt mit der ebenso selbstbewussten wie selbstironischen Bestandsaufnahme *Steh ich jetzt unter Denkmalschutz? Älterwerden ist nichts für Spaßbremsen* einen veritablen Bestseller, der bereits für eine Filmproduktion optioniert wurde.

Sky du Mont

FULL HOUSE

Liebeserklärung
an die Chaosfamilie

BASTEI
LÜBBE
TASCHENBUCH

BASTEI LÜBBE TASCHENBUCH
Band 60 952

Dieser Titel ist auch als E-Book erschienen

MIX
Papier aus verantwortungsvollen Quellen
FSC® C083411
FSC
www.fsc.org

Vollständige Taschenbuchausgabe der bei Lübbe erschienen Hardcoverausgabe

Textredaktion: Ulrike Strerath-Bolz
Illustrationen: MissBehaviour
Umschlaggestaltung: Pauline Schimmelpennick
Büro für Gestaltung, Berlin
Umschlagmotive: Fotos © Manfred Esser, Bergisch Gladbach;
Illustration © missbehavior.de
Satz: Urban SatzKnzept
Gesetzt aus der Weiss Antiqua
Druck und Verarbeitung: CPI books GmbH, Leck – Germany
Printed in Germany
ISBN 978-3-404-60952-9

5 4 3 2 1

Sie finden uns im Internet unter www.luebbe.de
Bitte beachten Sie auch: www.lesejury.de

Vorwort

Dies ist die Geschichte einer typischen Familie, deren Freude und Schicksal es war, Kinder zu bekommen. Danach sollte nichts mehr so sein wie vorher. Das Leben wurde nicht besser oder schlechter, aber auf jeden Fall lebhafter, aufregender, erfüllter ... und: chaotischer.

Mit anderen Worten: Es ist nicht anders als in anderen Familien. Das Chaos ist nicht nur das sogenannte »kosmische Prinzip«, es ist auch das Prinzip, das in so gut wie allen Familien herrscht, die ich kenne. Deswegen habe ich mich entschlossen, dieses Buch zwar *unter* meinem Namen zu schreiben, aber auch *im* Namen all derjenigen, denen täglich das gleiche Chaos des alltäglichen Lebens entgegenschlägt, der ganz normale Wahnsinn namens Familie.

Dies ist die Geschichte von Benjamin und Beate, beide (noch) kinderlos. Benjamin arbeitet in der Medienbranche und ist um einiges älter als Beate. Und natürlich haben Sie recht: Beide sind nicht die, die sie vorgeben zu sein, aber wer ist das schon? In Benjamin und Bea steckt vielleicht ein klein wenig von mir und meiner Frau ... vermutlich aber genauso viel von Ihnen. Betrachten Sie dieses Buch also bitte als eine Art gemeinsamen Nenner, einen kollektiven Erfahrungsschatz, nicht als das geheime Tagebuch von Sky und Mirja. Alle Namen habe ich daher geändert, und natürlich ist jede Ähnlichkeit mit tatsächlichen Personen ... na, Sie wissen schon. Denn Familie, das ist eine Welt mit fast universell gültigen Regeln und Gesetzen.

Wenn Sie Familie haben, dann sind Sie bemitleidenswert und bewundernswert. Vor allem aber: Man darf Ihnen gratulieren. Denn Sie haben nicht nur den völlig irrsinnigen Job einer Mutter oder eines Vaters, Sie werden auch mit dem Großartigsten belohnt, was dieser Planet zu bieten hat – mit Kindern.

Sollten Sie sich also entscheiden, weiterzulesen, dann sollten Sie wissen, dass alle Erzählungen, die Sie hier finden, wahr sind und sich fast genauso zugetragen haben. Nur nicht unbedingt bei mir, sondern auch bei Freunden und Bekannten.

Also, viel Spaß!

**Tagebucheintrag: 29. März,
10:45 Uhr – Büro**

Vor fünf Wochen habe ich eine unglaubliche Frau kennengelernt, komme aber erst jetzt dazu, diesen Eintrag zu schreiben. War sehr beschäftigt. Eine solche Frau will erobert werden! Sie ist blond (wichtig), hat eine tolle Figur (sehr wichtig) und ist bildhübsch (hammer-wichtig). Ach ja, intelligent ist sie auch – was mir allerdings erst drei Wochen später auffiel.

Die Details: Ich war auf dem Weg in die Stadt, um Geschäftsfreunde zum Essen zu treffen, als mir einfiel, dass ich nicht genügend Bargeld bei mir hatte. Kein Problem. Schnell zum Geldautomaten. Als ich wieder zurück zu meinem Wagen ging, sah ich, dass mich gerade ein alter Mini zuparkte. Das ist nun wirklich etwas, was ich nicht ausstehen kann. »Hey!«, rief ich. »Das geht gar nicht. Was fällt Ihnen ein? Ich bin in Eile. Fahren Sie sofort Ihren Schrotthaufen …« Der Rest des Satzes blieb mir im Halse stecken. Aus dem Mini stieg eine atemberaubende junge Frau. Sie lächelte mich an und meinte nur: »Sekunde, ich zieh nur rasch etwas Geld. Sind Sie in Eile?«

»O nein, überhaupt nicht …«, stotterte ich. »Ich habe massig Zeit.« Und ärgerte mich im gleichen Moment über mein hormonell gesteuertes Hirn. Die Strafe folgte auf dem Fuß. Sie nahm mich beim Wort und ließ mich eine Ewigkeit warten. Anscheinend hatte diese junge, blonde, gut gebaute Dame meinen

Zustand instinktiv erfasst und sich entschlossen, nicht nur Geld zu ziehen, sondern dieses gleich beim Shoppen unter die Leute zu bringen. Nach unglaublichen zweiundvierzig Minuten, in denen ich bei meiner Parkuhr zweimal nachzahlen und eine Polizeistreife davon abhalten musste, ihren in zweiter Reihe geparkten Wagen abschleppen zu lassen, erschien dieser Traum von einer Frau wieder. Heute weiß ich, dass ich mich bereits in diesem Augenblick unsterblich in sie verliebt hatte. Das war die Frau meines Lebens, die Mutter meiner zukünftigen Kinder.

Es gab tatsächlich ein Happy End. Beate ließ es zu, dass ich sie erobern durfte, und nach einigen Wochen wurden wir ein Paar und zogen zusammen. Genauer gesagt: Bea nahm Besitz von meiner Wohnung. Und ich gebe zu: Es ist wundervoll, und ich genieße jede Sekunde unseres gemeinsamen Lebens.

Die Wohnung ist viel zu klein

Wer denkt nicht gern zurück an die erste eigene Wohnung, das erste eigene Zuhause? Man konnte sich da, mit ziemlich wenig Platz, wunderbar arrangieren. Irgendwie war man sich selbst genug – und, im Ernst, wer braucht schon einen Balkon, solange ein solides Bett, ein Fernseher und kaltes Bier vorhanden sind? Aber da lebte ich noch allein.

Dann trat die Frau meines Herzens in mein Leben.

So ein kleiner Balkon, fand Beate eines Tages, wäre doch ganz schön. Etwas, wo man auch mal draußen sitzen konnte, allerdings immer nur einer, nie beide zur gleichen Zeit, dazu ist es zu eng. Aber wenn man sich liebt, spielt all das keine Rolle – noch. Also zog man los, um sich was Größeres zu suchen. Etwas mit einer richtigen Küche statt Kochnische. Mit einem großzügigeren Bad. Mit hohen Fenstern vielleicht. Ein Altbau wäre schön. Oder ein Neubau. Oder was Eigenes. Eine Wohnung kaufen?

Als wir zusammenzogen, haben wir keinen Gedanken an eine Wohnung verschwendet und schon gar nicht daran, eine zu kaufen. Womit auch? Wir hatten uns, und es war egal, wie groß dieses Zuhause war.

Nun, in der ersten Zeit wirkte meine Frau auf mich jedenfalls nicht unzufrieden. Wir hatten eine schnuckelige

Winz-Wohnung, und die Nebenkosten waren absolut überschaubar. Doch dann, eines Tages, kam die scheinbar harmlose Frage: »Schatz, hättest du nicht auch gerne einen größeren Kühlschrank?«

Diese Frage an einen Mann zu richten ist natürlich perfide. Welcher Mann hätte nicht gerne einen größeren Kühlschrank? Kühlschrank, das steht für unbeschwerte Fußball-Abende, für die schnelle und effektive Bekämpfung von Unterzucker, für kaltes Bier und sonstige Genussmittel.

In Wahrheit ging es natürlich nicht um den Kühlschrank, sondern um die Küche. Meine Frau wollte eine größere. Nicht, weil sie so wahnsinnig viel in der Küche macht, sondern weil größere Küchen in größeren Wohnungen zu finden sind. Und das hat sie geschickt eingefädelt: Zuerst tigerten wir eine Woche lang durch Kühlschrankabteilungen in Elektroläden. Überall dasselbe: jede Menge Platz im Kühlschrank – aber jedes Gerät zu groß für unsere dreieinhalb Quadratzentimeter Küchenfläche. Dann rückte Beate raus mit ihrem Plan.

»Schatz, ich fürchte, für einen größeren Kühlschrank müssen wir umziehen. Der passt nicht in unsere Küche.«

»Im Ernst? Och, schade. Aber wenn du meinst ...«

In Wirklichkeit hatte sie das natürlich von langer Hand geplant. Was folgte, war ein zermürbender Marathon durch die Mietanzeigen.

Rückblickend frage ich mich, wo alle meine Prinzipien und meine fiskalische Vernunft geblieben sind. Niemals hätte ich bei klarem Verstand (den ich zu dieser Zeit als hormongesteuerter Mann natürlich nicht besaß) eine Immobilie gemietet, die klein, dunkel und überteuert war. Allein ein für meine Lebensgefährtin schlagendes Argument entschied: Es war ein kleines Reihenhäuschen mit Garten. »My house is my castle«, hörte ich von Beate zu jeder Gelegenheit, also gab ich nach, und wir unterschrieben den Mietvertrag.

Wenig später zogen wir in unser Häuschen um und verbrachten dort die wohl schönsten vier Wochen unserer bisherigen Beziehung. Heute weiß ich, warum: Der Nestbautrieb meiner Holden war zunächst gestillt – bis sie eines Morgens den Garten betrachtete.

»Unser Garten sieht grauenvoll aus! Was werden unsere Nachbarn denken? Die glauben, wir sind absolute Messies!«

»Garten? Sieht eher aus wie ein größeres Blumenbeet.«

»Sehr witzig! Du musst mal den Rasen mähen!«

»Ich glaube nicht, dass da ein Rasenmäher draufpasst«, meinte ich nachdenklich in der Hoffnung, aus dieser Nummer rauszukommen. Ich hasse Gartenarbeit!

Und es bleibt ja nicht beim Garten. Wenn die Holde Vorhangstangen wünscht, wird der Mann zum Innendekorateur. Sollen es hellere Lampen sein, wird er zum Elektriker. Streichen, Bohren, Sägen – alles Männersache, versteht sich. Emanzipation? Schweigen wir lieber darüber. Die Kombination Frau und Haus macht jeden Mann zum Allzweckhandwerker. Zum Lohn gibt's Hohn und Spott über die handwerklichen Unzulänglichkeiten des Gatten, am liebsten im familiären Kreis oder – noch schöner – beim Damenkränzchen.

»Mein Benni ist der beste Handwerker mit zwei linken Händen, den es gibt.« Alles lacht – außer mir.

»Ich bin gar kein Handwerker, Schatz, ich arbeite mit dem Kopf.« Sie beugt sich zu ihrer Freundin und gluckst: »Neulich hat er mir so einen Schreck eingejagt, weil er mal wieder eine Lampe angeschraubt hat und vergessen hatte, die Sicherung rauszudrehen ...«

»Ich hatte dich darum gebeten ...«

»Jedenfalls steht er da oben auf der Leiter, und du müsstest ihn mal auf einer Leiter stehen sehen ...« Lautes Lachen, die Freundin kichert schon vor der Pointe. »Hantiert da mit so einem Schraubending rum.«

»Schraubenzieher, Schatz.«

»Und auf einmal, bzzzzzz, ich dachte, ich falle gleich in Ohnmacht. Und dann kippt er, das hättest du sehen müssen, mit der Leiter wie in Zeitlupe aufs Sofa. Aufs Sofa!« Quieken und Quietschen zweier völlig ausgetickter Frauen, die sich über das Schicksal eines armen Elektro-Amateurs einen Affen lachen. Ich gebe zu, ich war etwas verschnupft.

»Du hattest mich gebeten, die Lampe auszutauschen.«

»Ich weiß doch, wie gern du dich als Handwerker ausgibst, mein kleiner Bob der Baumeister.«

Aber es waren nicht nur die handwerklichen Fähigkeiten, die mir plötzlich abverlangt wurden. Nein, auf einmal wurde mir klar, was Bea von meinem Einrichtungsstil hielt, zumindest was die Gestaltung unseres neuen Heims betraf.

Während wir Männer bekanntlich eher zu kühlen Farben und glatten Formen tendieren, also Schwarz und Chrom, Lack und Leder, gilt so was bei Frauen meist nur für das Outfit. Was die Wohnung betrifft, sind die meisten aus der Schneewittchen-Phase nie herausgekommen. Und damit meine ich nicht den Glassarg, der ja im Zweifel einen top Wohnzimmertisch abgeben würde. Entweder, sie tendieren zu Plüsch und Blümchen und wollen am liebsten den ganzen Laura-Ashley-Laden leer kaufen, oder sie richten die Wohnung ein, als müssten sie es richtig gemütlich für die sieben Zwerge machen. Das nennt sich dann Landhaus-Stil. Aber glauben Sie nicht, dass Sie da mit Gummistiefeln reindürfen. Im Gegenteil: Der Mann soll zwar zur Einrichtung passen, aber nur in dekorativer Hinsicht. Wenn Ihre Frau karierte Vorhänge bestellt, sehen Sie sich vor: Demnächst werden Sie zu Tweed-Jacken gedrängt. Cord-Sofa? Als Nächstes kommt die Cordhose. Sie hat Hussen für die Esszimmerstühle gekauft? Achtung! Vermutlich dürfen Sie die Küche bald nur noch im Trenchcoat betreten.

Es ist eines der großen Talente der Frauen, den Männern, vor allem aber sich selbst, einzureden, dass Männer von Innenarchitektur und Interieur nichts verstehen. Geschmackssicher sind nur Frauen. Kuschelig soll es sein.

Warm. Nicht zu hell. Aber auch auf keinen Fall zu dunkel. Keine Aktbilder an den Wänden des Schlafzimmers oder innen an der Schranktür. Keine Buddelschiffe auf dem Fernseher. Schon gar kein Samurai-Schwert! Gerne ein großer Kühlschrank, ja, aber hauptsächlich mit Joghurt und Luft gefüllt. Und ein großer Kleiderschrank. Am liebsten ein »begehbarer«. Das bedeutet in der Regel, dass das, was mal ein gemeinsames Schlafzimmer werden sollte, zum Damen-Boudoir wird, in der die Frau ihrer Lieblingsbeschäftigung frönt: anziehen, ausziehen, umziehen, schminken, zupfen, tupfen, epilieren, schmieren, spachteln (und das meine ich nicht handwerklich oder kulinarisch), wieder anziehen, umziehen usw.

Und irgendwann kommt das Thema »Kinder«. Wenn die erst einmal in Ihr Leben getreten sind, dann gilt für Haus und Wohnung sowieso nichts mehr, was vorher galt. Nicht nur, dass Sie jetzt die Schlüssel für die Schlafzimmertür wieder raussuchen müssen. Sie müssen den ganzen Laden komplett umbauen. Denn so ein Kind braucht ja praktisch ein ganz eigenes Domizil, nämlich das Kinderzimmer, und das steht für:

- wochenlanges Katalogewälzen und Internetsurfen nach den besten, allergiearmen, umweltverträglichen, schadstofffreien Kleinmöbeln aus nachhaltiger Waldbewirtschaftung in Nordskandinavien
- Streit über die Farbe (»Schatz, das ist nicht apricot! Ich weiß nicht, was es ist, aber es ist nicht das, was wir wollen.« – »Also, ich finde es eigentlich …« – »Es ist nicht das, was wir wollen!«)
- doppelt so hohe Preise für halb so große Möbel-Bausätze mit unverständlichen Bauplänen, obwohl Sie

eigentlich dachten, das Bett oder der Wickeltisch würden als Möbelstück und nicht als Bretterhaufen geliefert.

Dazu kommen die tausend Dinge, die sonst im Haus gemacht werden müssen: Gitter an die Treppen, Schubladensicherungen, Steckdosenkappen, Liegen, Wiegen, Sitzhilfen, Krabbelecken, alle unteren Regale leer räumen (wohin mit dem Zeug?!) ... Wenn Kinder ins Haus stehen, dann kommen Anforderungen auf einen zu, die man nie geahnt hätte. Aber glauben Sie mir, das ist alles harmlos im Vergleich zu dem, was später kommt. Aber dazu, wie gesagt, später.

**Tagebucheintrag: 15. April,
15:30 Uhr – im Garten**

Bin beim Rasenmähen unseres 40 qm großen Gartens in die Scheiße getreten. Habe es nicht bemerkt und deutliche Schuh- und Scheißabdrücke auf dem Wohnzimmerboden hinterlassen. Es gab den ersten heftigen Streit in unserer Beziehung, weil Bea allein mir die Schuld für alles gibt. Ich habe darauf hingewiesen, dass ich nie einen Hund wollte. Und überhaupt: Auch den Garten wollte ich nicht und ein Haus noch weniger. Ich war glücklich in meiner Wohnung. Und obwohl die um hundert Quadratmeter kleiner war, hatte ich dort mehr Platz ... Da war ich aber auch noch allein. Das habe ich mich allerdings nicht getraut, ihr zu sagen. Warum man einen Hund braucht, nur weil man einen Garten hat, begreife ich nicht! Und nun kackt der auch noch.

Beate hat dann ganz doll geweint und meinte, ich würde wahrscheinlich bereuen, mit ihr zusammengezogen zu sein und so.

Wir haben uns dann aber wieder versöhnt (auf dem Küchentisch). Das war schön, außer dass der blöde Hund während unserer Versöhnung meine Unterhose zerfetzt hat. Gut, dass ich sie nicht anhatte …

Ein ganz normaler Arbeitstag

5:15. Meine innere Uhr reißt mich aus dem Schlaf. Allerdings geht diese innere Uhr seit geraumer Zeit nicht mehr so ganz präzise, aber niemals würde ich das zugeben, ist die Fähigkeit zum Wachwerden zu jeder beliebigen Uhrzeit doch mittlerweile eine der wenigen Eigenschaften, mit der ich glaube, meine Familie beeindrucken zu können ... Meine Frau nennt das lapidar »senile Bettflucht«. Außerdem, wer repariert schon innere Uhren?

Jetzt schnell und vor allem leise aufstehen, um 6:55 geht meine Maschine nach München.

Aus Rücksicht auf Beate lasse ich die Rollläden zu, ein Fehler, den ich später bitter bereuen werde, und schleiche auf Zehenspitzen ins Bad.

Minuten später öffne ich die Badezimmertür und schwebe geradezu lautlos durchs Schlafzimmer. Bloß meinen Schatz nicht wecken.

Weit gefehlt. »Meine Güte, trampelst du wieder durch die Gegend! Ich hatte gehofft, ich könnte heute mal ausschlafen«, murmelt sie schlaftrunken und wühlt sich in ihr Kissen.

Frühstück fällt heute aus, die Küche zu betreten wäre sträflicher Leichtsinn, denn auch unser Hund liebt seinen

Schlaf und reagiert äußerst ungehalten auf zu frühe Störungen. Stellen Sie sich einfach einen völlig vom Blutrausch beseelten Piranha auf vier Beinen vor, der nur ein Ziel hat: jedem, der vor sieben Uhr morgens sein Reich, nämlich die Küche, betritt, an die Hosenbeine zu gehen. Ich wundere mich immer wieder, wie dieses kleine Stoffknäuel mit seinen kurzen Beinen so schnell sein kann.

Okay, heute kein Frühstück, ab ins Auto. Und nun rächt es sich, dass ich vor dem Verlassen des Hauses nicht aus dem Fenster geblickt habe: Es schüttet, es stürmt, und mein Wagen steht circa 200 Meter weit entfernt auf einem öffentlichen Parkplatz.

Garage? Selbstverständlich haben wir eine Garage. Nein, besser gesagt: Meine Frau hat eine Garage, denn meine Frau hat ein Cabrio, und das muss in einer Garage stehen.

Warum? Keine Ahnung. Vielleicht weil sie vor lauter Shoppingtüten den Knopf zum Schließen des Daches an ihrem Sportflitzer nicht gefunden hat. Vielleicht aber auch, weil das Verdeck sich vor lauter Einkäufen nicht mehr schließen ließ.

Egal. Ich patsche durch die Pfützen zu meinem Wagen, schließe mit klammen Fingern die Tür auf und lasse mich mit Schwung auf den Sitz fallen. Platsch! Spätestens jetzt bin ich hellwach. Hatte ich erwähnt, dass gestern Prachtwetter mit Temperaturen um die 25 Grad war? Selber schuld, wenn man so blöd ist und beim Verlassen des Wagens vergisst, alle Fenster zu schließen. Jetzt sitze ich auf einem Sitz, der sich mit Wasser vollgesogen hat, und verfluche den Morgen.

Keine Zeit zum Lamentieren. Ich muss zum Flughafen, in München gilt es, einen wichtigen Auftrag an Land zu ziehen, aber das Pech bleibt mir treu. Wir landen mit fünfundachtzig Minuten Verspätung, und meine Erwartungen an diesen Tag haben mittlerweile einen Tiefpunkt erreicht. Saßen Sie schon mal auf einem Mittelplatz, eingeklemmt zwischen Orson Welles und Günther Strack (Gott hab sie selig), und haben versucht, mit einem viel zu kleinen Löffel und eng angelegten Ellbogen Joghurt zu essen, während das sogenannte Fluggerät von Luftloch zu Luftloch taumelt? Was für ein Bild: vorne Joghurtflecken auf der Hose, hinten Wasserflecken. So wie ich aussehe, würde jeder Richter ohne zu zögern einen Haftbefehl wegen Exhibitionismus oder Erregung öffentlichen Ärgernisses ausstellen.

Als die Maschine endlich landet, sich mein Hundertzwanzig-Kilo-Nachbar an mir vorbeigequetscht hat, bleibe ich zunächst sitzen. Ich bin mir sicher, dass sich auf meinem Polster ein feuchter Fleck gebildet hat. Inkontinenz war bis zu diesem Zeitpunkt das geringste meiner Probleme, aber wissen das auch die anderen Passagiere?

Als alle die Maschine verlassen haben, stürme ich zum Ausgang, aber der Tag hat noch weitere Überraschungen für mich parat: Der Bus fährt gerade ohne mich ab, aber im Crew-Bus zum Terminal fahren hat ja auch seinen Reiz, denke ich mir und schließe mich der Besatzung an. Nein, ich darf nicht mit, Sicherheitsbestimmungen, sagt man mir, ich solle auf einen Bus warten, der mich zum Terminal bringt. Schlotternd vor Kälte stehe ich auf dem Rollfeld und warte auf den nächsten Bus.

Ach ja, es regnet noch immer.

Mit zwei Stunden Verspätung erreiche ich endlich das Studio in München. Das dort wartende Team erklärt mir genervt, dass ich ebenso gut hätte in Hamburg bleiben können – der Kunde wollte nicht warten und hätte den Auftrag anderweitig vergeben …

Wenigstens ist der Flieger zurück nach Hamburg pünktlich. Anders als ich. Aber ich kann ja den nächsten Flug nehmen, auch wenn ich Umbuchungskosten bezahlen muss. Immerhin hat es in Hamburg bei meiner Ankunft aufgehört zu regnen – und nach etwa fünfundfünfzig Minuten verzweifelter Suche finde ich auch meinen Wagen im Parkhaus. In der Eile heute Morgen hatte ich vergessen, mir den genauen Standplatz zu merken.

Endlich, gegen 22 Uhr, betrete ich, völlig erschöpft von den Strapazen des Tages, mein Zuhause.

Überraschung! Bea erwartet mich im Schlafzimmer, fällt mir um den Hals und drückt mir, mit Tränen in den Augen, eine Rose und ein kleines Stofftier in die Hand.

»Schatz, ich habe schon so auf dich gewartet! Schön, dass du endlich da bist, du hast mir ganz doll gefehlt!«

Wir Männer sind nun mal nicht hellsichtig, nein, wir sind emotional vielleicht ein wenig, nennen wir es ruhig: dumpf, aber jetzt stehe ich auf dem Schlauch. Was für eine Begrüßung! Und sie hat kaum was an!! Meine Gedanken sind nun vorwiegend hormonell gesteuert, obwohl mich die Rose und vor allem das Stofftier etwas verwirren. Was hat das zu bedeuten? Egal, das können wir später besprechen. Jetzt besser nichts anbrennen lassen! Doch trotz ihrer eindeutigen Signale weicht meine Liebste meiner Umarmung aus. Den Blick kenne ich; so sieht sie mich zum Beispiel an, wenn ich unseren Hochzeitstag oder ihren Geburtstag vergessen habe.

»Schatz, überleg doch mal. Was könnte ich damit meinen?«, fragt sie ungeduldig und wedelt mit Rose und Plüschteddy.

Meine Gedanken rasen, aber wie so oft rasen sie ins Leere.

Die Rose ergibt für mich vielleicht einen Sinn, aber was soll ich mit einem Stofftier? Nach dem Motto: »Wie soll ich wissen, was ich denke, bevor ich höre, was ich sage?«, murmle ich bedeutungsvoll in der Hoffnung, dass es zumindest einigermaßen intelligent klingt:

»Ääääääh, oh, ach ja ...?«

»Meine Güte, was bist du unsensibel! Gib zu, du hast keine Ahnung, was los ist.«

»Ääääääh, oh, ach ja ...?« ist wieder alles, was mir dazu einfällt.

»ICH BIN SCHWANGER! WIR BEKOMMEN EIN BABY!«

Wow, nun bin ich tatsächlich sprachlos. Wir haben uns so sehr ein Baby gewünscht!

Und so endet ein mieser Tag mit dem wundervollsten Versprechen für unsere gemeinsame Zukunft. Ein unvergesslicher Tag, der unser beider Leben völlig verändern wird. Ein Traum wird wahr, und dabei ahnen wir noch gar nicht, wie sehr dieser Traum unser Leben wirklich umkrempeln wird!

Aber dazu später mehr.

Wir sind schwanger

Glücksgefühle will man in die Welt tragen. Und beginnen wollen wir mit meinen Schwiegereltern. Das wird nicht leicht, denn ich gehe davon aus, dass die beiden nicht damit rechnen, Großeltern zu werden, zumindest nicht so schnell, wofür ich ein wenig Verständnis habe, sind beide doch in meinem Alter.

»Wie bitte?«, meint meine Frau. Was solche Themen betrifft, ist sie von einem gnadenlosen Wahrheitsdrang beseelt.

»O.k., ich bin älter ...«

»Eben, und deswegen fühlen sie sich noch zu jung, um Oma und Opa zu werden.«

»So jung sind sie nun auch wieder nicht!«, höre ich mich sagen und ernte einen vernichtenden Blick!

Meine Schwiegereltern und ich haben ein wirklich freundschaftliches Verhältnis zueinander. Ein bisschen enttäuscht waren sie vielleicht, dass ich nicht persönlich bei ihnen um die Hand ihrer Tochter angehalten hatte. Ich hielt das mit Rücksicht auf unseren Altersunterschied nicht für nötig. Immerhin ist meine Schwiegermutter fünfzehn Jahre jünger als ich, wobei ich das optisch nicht bestätigen kann.

Oder vielleicht fanden meine Schwiegereltern auch den

Heiratsantrag nicht feierlich genug. Ich gestehe: Auf die Knie wollte ich nicht fallen; wer weiß, wie lange ich gebraucht hätte, um wieder hochzukommen. Außerdem hätten sie dann womöglich auch erwartet, dass ich meine Frau nach der Trauung über die Schwelle trage. Das, da bin ich mir sicher, hätte meine Bandscheibe aber nicht mitgemacht.

Kinder zeugen ist dagegen ein Klacks, um nicht zu sagen, ein wahres Vergnügen.

Was ich anfangs nicht begriff, war, warum meine Frau danach ihre hübschen Beine in die Luft streckte und eine Kerze machte.

»Um Gottes willen, was machst du denn da?«, murmelte ich müde.

»Das muss sein, damit es möglichst schnell klappt mit dem Baby!«

Ich weiß nur noch, dass ich mir im Halbschlaf Millionen Frauen vorstellte, die nach dem Akt nackt eine Kerze machen. Die Schwerkraft würde da voll greifen, zumindest bei großer Oberweite.

Aber zurück zu meinen Schwiegereltern. Irgendwann hatte ich mal gelesen, dass Schwiegereltern gerne fragen: »Können Sie meine Tochter denn auch ernähren?« Keine Frage! Haben Sie meine Frau schon mal gesehen? 48 Kilo, schlank und genügsam, ich glaubte, das müsste zu schaffen sein ... Da wusste ich noch nicht, wie viel sie in der Schwangerschaft wegspachteln würde. Und vor allem: was! Und in welcher Kombination! Auf das teure Filetsteak kippte sie Zimtpulver, und ihr Schokocroissant tunkte sie mit großer Leidenschaft in meine Kartoffelsuppe!

Drei Monate später

Wir sind mit unserem Wagen in der Stadt unterwegs: »Schaaaaaaaatz!«

Alle Alarmglocken in meinem Kopf beginnen zu läuten. Kurzer Blick in den Rückspiegel, Vollbremsung und mit der linken Hand das Seitenfenster hinunterfahren. Ich weiß, was jetzt passieren wird. Unserem Nachwuchs hat anscheinend, obwohl noch im embryonalen Zustand, das Mittagessen nicht geschmeckt. Ich muss zugeben, die Kombination von Spargel und Schokoladenpudding hätte mir auch nicht geschmeckt. Jetzt verlangt das Baby, dass sich Beate SOFORT von dieser Mahlzeit trennt.

»Würg ...«

Beate schafft es nicht mehr aus dem Wagen, gottlob schafft es aber das Erbrochene, und zwar aus dem Seitenfenster, direkt vor die Füße zweier elegant gekleideter Herren.

»Entschuldigung! Meine Frau ist schwanger!«, rufe ich den Männern zu.

»Ist alles in Ordnung?« Etwas betreten blickt der Ältere auf seine auf Hochglanz polierten Schuhe und schüttelt den Kopf.

»Nein! Aber fahren Sie bloß weiter.«

Jetzt wissen Sie vielleicht, was gemeint ist, wenn man von hanseatischer Gelassenheit spricht, denn ICH hätte meine Schuhe danach weggeworfen, wenn sie so ausgesehen hätten. Abgesehen davon, dass die Treter richtig teuer gewesen sein müssen.

Seit diesem ersten Erlebnis, das sich übrigens nahezu täglich wiederholt, haben wir immer Kotztüten dabei. Auch als unsere Kinder längst geboren waren, haben wir nicht aufgehört, in jedem Flieger Kotztüten zu klauen. Es wäre tiefenpsychologisch vermutlich interessant, herauszufinden, was das für eine tiefere Bedeutung hat. Jedenfalls bin ich so in die beneidenswerte Situation gekommen, die vermutlich größte Kotztütensammlung der Welt anzulegen.

Dazu muss ich sagen, dass meine Frau, wenn sie schwanger war, es immer schaffte, sich zumindest durch ein geöffnetes Fenster oder eine Tür ihrer soeben eingenommenen Mahlzeit zu entledigen.

Bei Kindern klappt das eher selten. Die bevorzugen die Lüftungsschlitze oder zur Not auch das CD-Fach im Wagen. Sie werden nicht glauben, wie viel Klebeband man verbraucht, um alle Öffnungen in einem Fahrzeug abzukleben.

»Was für ein Schwachsinn! Du hast überhaupt kein Verständnis für die armen Kleinen ...«

Und schon ist meine Angetraute wieder im Laufschritt auf dem Weg zur Toilette, was mir jegliche Diskussion erspart ... denke ich. Die Tür hat sie offen gelassen, vermutlich, um mir ein schlechtes Gewissen zu machen. Meine Schwiegermutter behauptet nämlich steif und fest, ich wäre schuld an der schweren Schwangerschaft meiner Frau.

»Hattet ihr Trinker in der Familie? Oder ist jemand bei euch vorbestraft?« Ja, es gab Trinker, aber was das mit dem Brechreiz meiner Frau zu tun haben soll, ist mir schleierhaft. Allerdings sehe ich nun bei Familientreffen einige meiner Verwandten mit anderen Augen. Manche sehen tatsächlich ein wenig vorbestraft aus.

»Willst du dich wieder über mich lustig machen? Wenn Männer Kinder kriegen müssten, wäre die Menschheit längst ausgestorben!«, hallt es aus der Toilette, was wiederum beweist, dass Frauen tatsächlich multitaskingfähig sind. Ich könnte nicht kotzen und reden!

Tagebucheintrag: 22. Oktober, 22:50 Uhr – Wohnzimmer

Ich bin platt, und das Schlimmste daran ist, dass ich nicht jammern darf, da es Beate noch schlechter geht. Immerhin ist sie schwanger. Wir Männer tun uns sowieso schwer, unsere körperlichen Leiden zu unterdrücken. Aber es ist einfach nicht wahr, dass wir wehleidiger sind als das weibliche Geschlecht. Woher kommt denn unser Mitteilungsbedürfnis (Frauen nennen es schlicht: Jammern) in Sachen Krankheit, Schmerzen und anderen Qualen? Es sind doch die Mütter, die uns zu dem gemacht haben, was wir heute sind. Es sind die Mütter, die uns jahrelang betüddeln. Und plötzlich sollen wir alles schweigend ertragen, nur weil eine andere Frau in unser Leben getreten ist? Schnupfen, Hühneraugen und andere ernsthafte Erkrankungen belasten uns eben weitaus mehr als beruflicher Stress und ähnliche Katastrophen. Manchmal denke ich, dass ich vielleicht doch bei meiner Mutter hätte bleiben sollen … die Wäsche hätte sie gemacht … und gekocht … und eingekauft … und mich auch manchmal getröstet …

Noch nicht geboren, aber schon Stress

Unabhängig von den Fressanfällen ist die Schwangerschaft manchmal eine ausgesprochen schwierige Zeit für beide Partner – und für die Partnerschaft an sich. Sie prüft sozusagen das Zusammenleben. Zum Beispiel, wenn man zur Frage des Namens kommt, den man dem Kind geben will. Da gibt es dann zwei Arten von Paaren. Die einen, die demokratisch abstimmen, was eher selten ist und in der Regel zu einem Patt führt. Und die anderen, die so sind wie wir und, wie ich fürchte, die Mehrzahl der Beziehungen: Die Frau entscheidet. Nicht etwa, dass der Mann nichts zu sagen hätte! Er ist für die Vorschläge zuständig, die dann aber abgeschossen werden.

»Du wirst doch nicht meinem Kind ...«

Ja, sie sagt tatsächlich »meinem Kind ...«, aber ich will nicht widersprechen, wo ihr doch gerade mal nicht kotzübel ist.

»Du wirst doch nicht meinem Kind einen solchen lächerlichen Namen geben wollen? Das arme Baby bekommt ja bereits in der Frühphase eine schwere Neurose!«

Wahrscheinlich hat Bea das in der *BUNTEN* oder in der *Apotheken-Umschau* gelesen, dass falsche Namen pränatale Schädigungen verursachen können. Aber diplomatisch, wie ich nun mal bin, halte ich mich zurück. Ich versuche sogar zu lächeln.

Meine Frau hat also bestimmt, wie unsere Tochter heißen soll: Clara. Okay, ich gebe zu, das ist ein schöner Name, er hat nur einen Makel: Er ist nicht mir eingefallen, sondern meiner Frau. Aber harmoniesüchtig, wie ich nun mal bin, werde ich jedem Auslöser einer Schwangerschaftsdepression aus dem Weg gehen.

Oft, wenn das Wetter schlecht ist, es stürmt und regnet, ich spät von einer Reise zurückkomme oder ihre Lieblingsband *Depeche Mode* Trennungsabsichten äußert, liegt meine Bea schluchzend auf dem Sofa. Nichts und niemand kann sie dann trösten, außer vielleicht ein neues Paar Schuhe oder eine schicke Handtasche. Ich rate jedem Mann, im Kofferraum seines Wagens eine Notration neuer Handtaschen oder Schuhe aufzubewahren. So kann man vielen Konflikten in einer Beziehung aus dem Weg gehen – ich weiß es!

Egal, der Name Clara gefiel auch mir, und so sollte unsere Tochter auch heißen.

Trotzdem, ich gebe zu, diese kleine Niederlage hat lange in mir gearbeitet. So lange nämlich, bis wir uns zu einem weiteren Kind entschlossen. Und für diesen Zeitpunkt hatte ich mir schon eine wunderbare Ersatzstrategie ausgedacht.

Das nächste Mal sollte es ein Junge werden. Und wie gut, dass meine Frau abergläubisch ist! Ich eröffnete ihr also an einem schönen Sonntagmorgen, dass ich den Namen unseres noch ungeborenen Sohnes geträumt hätte: Ryan.

»Wie?«

»Ryan.«

»Rein? Wo rein?«

»Nein, Schatz, nirgendwo rein. *Ryan!*«

»Gibt's den Namen überhaupt? Und wie schreibt man das?«

»Ryan«, sagte ich mit sanfter Stimme, als würde mir meine innere Stimme den Namen immer wieder zuflüstern. »Jetzt gibt es ihn. Seit meinem Traum. Ryan. Hat was Magisches.«

Darauf verschluckte sie sich erst einmal an ihrem Knäckebrot, belegt mit einer Scheibe übel riechendem Käse und dick Pflaumenmarmelade. Jedem Nichtschwangeren wäre davon schlecht geworden, nicht so meiner Frau.

Dann vollzog sich auf ihrem Gesicht ein Wechselbad der Gefühle.

»Im Ernst jetzt? Komisch, du kannst dich sonst nie an deine Träume erinnern und schon gar nicht an Namen!« Misstrauisch sah sie mich an.

»Wie kannst du nur an meinem Traum zweifeln? Träume haben schließlich eine tiefe Bedeutung!« Jedenfalls für jemanden, der abergläubisch ist, und meine Bea *ist* abergläubisch.

»Echt?«

Ich nickte voll heiligem Ernst und wiederholte: »Ryan Mark Gordon. Ich hab's im Traum deutlich gehört.« Die anderen zwei Namen waren mir gerade eingefallen.

Da nickte auch sie und wiederholte: »Ryan Mark Gordon Richter. Das klingt schön.«

Sie sah mir tief in die Augen. »Wenn wir einen Sohn bekommen sollten – so soll er heißen, und keine Diskussion mehr!«

Ich hob die Hände und erklärte: »Wenn du das so möchtest, dann wird es so geschehen. Ich werde dir nicht widersprechen.«

Im Prinzip hat sie ja recht. Ich kann mich tatsächlich nie an meine Träume erinnern und an Namen schon gar nicht, aber der Name Ryan ist doch schön, oder? Ob geträumt oder nicht.

Die Geburt

Seit Wochen habe ich alle Termine abgesagt, denn der Geburtstermin steht vor der Tür. Als moderner Mann will man doch bei diesem einmaligen Ereignis dabei sein. Was ein Michael Mittermeier mit seinem Buch *Achtung Baby!* geschafft hat, müsste auch ich mit ein bisschen Glück hinkriegen. Vielleicht wird mein Buch dann auch ein Bestseller. Möglicherweise wird es dann sogar verfilmt, mit Christine Neubauer und Til Schweiger in den Hauptrollen, und das Baby könnte ja dann auch Christine Neubauer spielen, in einer Doppelrolle. Zwei Wochen erwartungsvoller Geduld liegen hinter uns, die gepackte Tasche für das Krankenhaus steht in der Diele. Unser Hund hat diese bereits mehrmals umgepackt und sich den teuren Kaschmirpullover meiner Frau als Schlafunterlage in sein Körbchen geholt.

Warten, warten, warten. Die Blumen, die unsere Zugehfrau etwas verfrüht besorgt hatte (sie ist kinderlos und hat offensichtlich keine Ahnung, wie lange so was dauern kann), sind mittlerweile verblüht, aber unsere Tochter hat augenscheinlich keine große Lust auf ein harmonisches Treffen mit ihrem Vater und ihren Großeltern. Sie bleibt drin.

Ich habe den Verdacht, dass sich unsere Tochter Clara ihren Geburtstermin selbst aussuchen will. Noch im Bauch, wird sie ihrer Mutter immer ähnlicher. Wahrscheinlich meldet sie sich nachts um 3:00 oder während eines Champions-League-Endspiels mit: »Hallo, was is, Leute, ab ins Krankenhaus. Ich hab jetzt total Bock, auf die Welt zu kommen.«

Und genauso ist es dann auch. Die Wehen setzen um 2:47 ein. Draußen ist es stockfinster, und in der Eile finde ich meine Brille nicht.

Schnell bin ich angezogen, Bea ist in Rekordzeit fertig, und runter geht's zum Wagen. Die Tasche fürs Krankenhaus ist mittlerweile ganz verschwunden. Ich vermute, unserem Hund war die ständige Umpackerei zu mühsam, also hat er die Tasche gleich ganz in sein Körbchen geschleppt.

Egal, das kann alles warten, nur schnell in die Klinik.

Bloß: Wo ist der verdammte Autoschlüssel?

Und: Wie soll ich den ohne Brille finden?

Jetzt wird es eng, Beate windet sich vor Schmerzen.

»Nimm die Sonnenbrille. Die hat doch auch geschliffene Gläser! Wir müssen los, ich hab tierische Schmerzen!«

Und so rasen wir mitten in der Nacht auf dem kürzesten Weg in die Klinik.

Nach achtzehn Minuten erreichen wir in Rekordzeit das Krankenhaus. Erstaunlich, wie oft man in dieser kurzen Zeit geblitzt werden kann, von dem wilden Gehupe der anderen Autofahrer, die um die Zeit noch unterwegs sind, ganz zu schweigen.

Die Wehen kommen jetzt in immer kürzeren Abständen, doch im Augenblick ist Bea schmerzfrei, was sie auch gleich akustisch dokumentiert.

»Ein Wunder, dass du uns mit deiner Raserei nicht alle umgebracht hast! Deine Tochter hat noch nicht das Licht der Welt erblickt und wird schon von ihrem Vater an den Baum gefahren!«

Ich verbeiße mir jeglichen Kommentar, springe aus dem Wagen und lande in einer tiefen Pfütze. Klar, wie sollte es auch anders sein? Schließlich bin ich an allem schuld. So viel habe ich gelernt: Widersprich nie deiner schwangeren Frau! Egal, was du sagst und wie du es sagst, es ist zu laut, zu aggressiv, zu wenig liebevoll. Selbst ein Kuss wird mit einem »Irgendwie bist du eiskalt zu mir, wahrscheinlich bin ich dir zu fett, und du vögelst eine andere!« belohnt. Aber das ist okay, wenn man bedenkt, wie viele Hormone sich in diesem Moment bei ihr tummeln.

Am Empfang angekommen, mustert mich eine ältere

Krankenschwester streng, um nicht zu sagen abfällig. Ich kann es ihr nicht verdenken, denn vertrauenerweckend sehe ich mit meiner dunklen Brille, dem zerknitterten Trenchcoat und den schmutzigen, schlammverschmierten Schuhen wirklich nicht aus. Irgendwie mehr so nach Mafia-Killer. Nach getaner Arbeit. Die Leiche steht in einem Betonklotz im See, und nebenbei liefere ich noch schnell die hochschwangere Ehefrau im Krankenhaus ab.

»Und?«, sagt die Schwester mit rauer Stimme. Plötzlich kann ich mich des Eindrucks nicht erwehren, dass wir vielleicht am falschen Eingang gelandet sind. Ob das wohl die geschlossene Psychiatrie ist und gleich zwei Männer in weißen Kitteln angerannt kommen, um mir eine Zwangsjacke anzulegen? Die Schwester räuspert sich laut und fragt Beate: »Ist das der Taxifahrer oder Ihr Vater?«

Nun ist aber gut, denke ich mir und überlege schon, welche unflätige Antwort ich auf Lager habe, als mir Bea zuvorkommt: »Reden Sie keinen Scheiß! Das ist mein Mann, und ich bekomme jede Sekunde unser Kind! Also sitzen Sie hier nicht rum und machen dumme Bemerkungen, sondern rufen Sie sofort den Stationsarzt!«

Das ist sie, meine Frau, immer auf den Punkt, und dafür liebe ich sie.

Plötzlich geht alles ganz schnell. Zwei Schwestern führen meine Frau in ein Krankenzimmer, um alles vorzubereiten, und erstaunlicherweise lassen sie mich mitgehen.

Minuten später liegt Bea im Kreißsaal, und auch dorthin darf ich sie begleiten. Irgendwie habe ich den Eindruck, dass mich die Leute in der Klinik nicht wirklich ernst nehmen. Man reicht mir einen rosa Kittel und ein lächerliches rosa Käppi. Wenigstens sind die Schlappen weiß. Nun habe ich plötzlich eine Horrorvision. Man stelle sich vor: Meine Tochter erblickt das Licht der Welt, und das Erste, was sie sieht, ist ein Mann ganz in Rosa gekleidet, mit wirren Haaren und einer dunklen Sonnenbrille. Und man sagt ihr, er sei ihr Vater. Das wäre für das arme Kind ein tiefer Schock, den es nie mehr vergessen würde. Womöglich würde das ihr Männerbild für immer prägen. Mein Vater sieht aus wie ein Mafioso in Drag.

Bea sieht kurz zu mir rüber und verkneift sich mühsam ein Grinsen, bevor sie wieder von Schmerzen übermannt wird. Ich wünschte, ich könnte ihr helfen, aber plötzlich wird mir ganz schwindlig. Warum muss Bea so leiden? Warum macht es so viel Spaß, wenn das Baby reingeht, und tut so verdammt weh, wenn es wieder rauskommt? Andersrum wäre es doch viel besser, und vermutlich wäre die Erde nicht so übervölkert.

Plötzlich beginnt sich in meinem Kopf alles zu drehen. »O Gott, mir wird schlecht« ist das Letzte, woran ich mich erinnere, bevor ich mit der Stirn auf dem Boden aufschlage.

Ja, ich gebe es zu, ich habe die Geburt meiner Tochter nicht mitbekommen. Nein, ich habe sie verschlafen. Ich liege mit vier Stichen auf der Stirn auf einer Liege in einem zugigen Gang. Alle, die an mir vorbeigehen, tuscheln, flüstern und lachen. Anscheinend wissen die mehr als ich. Ich scheine das Gespött der Klinik geworden zu sein. Ehrlich, ich kann mir eigentlich gar nicht erklären, warum. Wieso bin ich umgefallen? Wahrscheinlich hat mich der Arzt im Kreißsaal angerempelt und zu Boden gestoßen.

Egal, jetzt will ich zu meiner Frau und zu unserem Baby, und schon kommt eine Schwester auf mich zu. Lächelt sie freundlich, oder ist das ebenfalls ein belustigtes Grinsen?

Es ist ein Grinsen, und gleich wird sie mich auch noch demütigen.

»So, Herr Richter, Sie sind mir ja ein Held. Ihre Frau ist schon wach und wartet oben in ihrem Zimmer auf Sie. Ich bringe Sie jetzt zu ihr.«

Wenige Minuten später schiebt sie meine Liege in das Krankenzimmer und stellt sie neben das Bett meiner Frau.

Da liege ich nun im rosa Kittel (gottlob ohne Käppi) und mit dunkler Sonnenbrille neben meiner Frau.

Wenn jetzt die Tür aufgeht und meine Schwiegereltern reinkommen und uns so sehen, werde ich vor Scham ohnmächtig. Fehlt nur noch die süffisante Frage meiner Schwiegermutter: »Und wer von euch hat jetzt das Kind gekriegt?«

Klar, wie sollte es anders sein? Es klopft, und die Tür öffnet sich.

Aber dieses Mal habe ich Glück. Es ist eine Krankenschwester, die unsere Tochter Clara bringt. Behutsam legt sie das kleine rosa Bündel in die Arme meiner Frau. Und plötzlich ist alles gut. Die Schmerzen sind vergessen (zumindest meine), die neun Monate Kotz-Attacken, einfach alles.

Neben mir liegen die zwei wundervollsten und kostbarsten Frauen dieser Welt.

Nach einigen Tagen im Krankenhaus, die mir sehr guttun, kehren wir drei zurück in unser Zuhause.

Tagebucheintrag: 8. Februar, 12:30 Uhr – Büro

Die erholsamen Tage im Krankenhaus sind zu Ende. Schade!

Das Leben hat eine neue Wendung genommen. Alle befreundeten Ehepaare tun so, als hätte ihr Leben erst jetzt begonnen, nachdem der Nachwuchs da ist. Ich kann es nicht glauben. Wahrscheinlich traut sich kein Mann zuzugeben, dass ein Neugeborenes den Alltag verändert.

Ich liebe unsere Tochter, aber ich liebe auch meinen Schlaf.

Ich gestehe, dass ich jetzt mehr Zeit im Büro verbringe als nötig, und habe dabei ein Scheiß-schlechtes-Gewissen … Immerhin ist Beate in diesen Stunden allein mit unserem Kind, aber ich brauche den Schlaf – bin einfach nicht so belastbar wie sie. Lege mich auf den Boden und nicke sofort weg. Niemals hätte ich gedacht, dass Vatersein so anstrengend sein kann.

Das neue Familienleben beginnt

Durch meinen etwas unglücklichen Unfall in der Klinik – ich erinnere an meine vier Stiche – bin ich natürlich zunächst ein wenig gehandicapt, was bei Beate völliges Unverständnis hervorruft.

»Schatz, es waren nur zwei! Oder wurde das sogar nur geklebt?«

»Nur geklebt!« So sind sie, die Frauen. Null Verständnis, wenn es um das Leid des Mannes geht.

»Angefühlt hat es sich aber wie mindestens sechs!«

»Meine Güte, machst du ein Theater wegen einer kleinen Platzwunde!«

»Kleine Platzwunde? Ich bin doch kein Stuntman.«

»Schaaaatz! Erstens wird man in vierzehn Tagen nichts mehr sehen, und zweitens stehst du ja nicht vor, sondern hinter der Kamera, und da brauchst du kein hübsches Gesicht.«

»Danke, sehr taktvoll.«

Ich schweige und werde zu diesem Thema nichts mehr sagen. Sie wird schon sehen, wie ungerecht ihre Einschätzung ist.

Zu Hause angekommen, gilt es nun, unser Baby an

seine neue Umgebung zu gewöhnen, meint Beate. Die Bemerkung, dass das vorige Zuhause bestimmt eine Klasse schlechter war (immerhin ist es im Bauch eng, feucht und dunkel, außerdem stelle ich es mir ziemlich laut vor mit all den Körpergeräuschen rundum), quittiert Beate mit einem Blick, der Tote zu Staub zerfallen ließe.

»Danke, und wahrscheinlich ist *das* der Grund, warum unsere Tochter bei mir ausgezogen ist?«

»Nehme ich an. Würdest du nicht auch lieber von einer einfachen Absteige in ein Sternehotel …«

Weiter komme ich nicht. Solidarisch, wie Mädels nun mal sind, schlägt sich Clara auf die Seite ihrer Mutter und beginnt zu weinen. Zusätzlich steigt mir ein klar definierbarer Geruch in die Nase.

Unsicherheit macht sich breit

Es scheint mir, als würden Frauen mit dem Ich-weiß-wie-ich-mit-Babys-alles-richtig-mache-Gen geboren! Mir jedenfalls fehlt dieser Urinstinkt völlig. Natürlich bin ich überglücklich, endlich meine heiß ersehnte Tochter, immerhin ein Wunschkind, in den Armen zu halten. Aber in der Sekunde, in der Bea das Zimmer verlässt, steigt ein Gefühl der Panik in mir auf. Halte ich sie richtig? Was tun, wenn sie plötzlich zu schreien beginnt? Womöglich schreit sie, weil sie mich bereits jetzt schon hasst oder Ähnliches.

»Schatz, du brauchst doch keine Angst vor Clara zu haben!«

»Sehr witzig. Angst habe ich vor dem Scheiß-Dobermann unseres Nachbarn. Bei Clara bin ich PANISCH!«

»Aber wieso denn? Das ist unser Baby, ein kleines, süßes Mädchen. Milliarden Menschen haben Babys, und ich bin mir sicher, dass sich niemand so anstellt wie du!«

Ja, da war es wieder. Frauen vergleichen immer. Eine Tatsache, an die ich mich nie gewöhnen werde. Sie vergleichen Kochrezepte, Handtaschen, Schuhe, nur stellen sie keine Relation zwischen Preis und Wert her. Natürlich hauptsächlich bei den letzten zwei Gegenständen.

Jetzt vergleicht sie mich, ihren Mann, den Vater ihres Kindes, mit »Milliarden anderer Menschen«.

Clara ist etwas Besonderes: ein besonders schönes, besonders kluges und in diesem Augenblick ein besonders lautes Baby. Clara ist wach und hat Hunger, und das unterstreicht dieser gerade mal 2,5 Kilo schwere Säugling mit intensiver Geräuschbildung.

Und jetzt tue ich es vielen Vätern gleich, ich mutiere ebenfalls zum Kleinkind, das idiotische Laute von sich gibt.

»Adu-adu. Hadu-Hungi? Mama-dida-dido ...« Der Rest soll Ihnen erspart bleiben.

Plötzlich verstummt sie und sieht mich ernst an. Ich blicke in ihre wunderschönen großen Augen, und für kurze Zeit bilde ich mir ein, ihre Gedanken lesen zu können. Was natürlich Unsinn ist, oder vielleicht doch nicht?

»O Gott, was hab ich da für einen dämlichen Vater? Von all den Milliarden Vätern auf der Erde habe ich anscheinend den absoluten Volltrottel abbekommen!«

Ein winziges weibliches Wesen, und auch das scheint bereits zu vergleichen. Gegen eine solche Konzentration weiblicher Gene ist ein Mann machtlos. Für uns Männer sind Vergleiche nahezu unwichtig. Ob Bier oder Wein, teurer Grappa oder billiger Fusel, Hauptsache, der Alkohol haut rein. Auch in der Liebe sind wir nicht so überkritisch wie Frauen, nach dem Motto: Blond, rot oder dunkel, Beine rasiert oder nicht, Hauptsache, obenrum ist was. Die anderen Dinge entdecken wir später.

»Du sprichst natürlich von dir!«

»Nur nicht nachhaken«, sagt mein Schwiegervater immer, und der muss es wissen. Immerhin ist er seit sechsunddreißig Jahren verheiratet und hat, soviel ich weiß, keine bleibenden Schäden davongetragen. Wenigstens keine sichtbaren.

Wollen Sie wissen, was mich immer wieder fasziniert? Es ist ein kleines Wunder: Bea betritt den Raum, nimmt Clara auf den Arm und legt sie an (was für eine idiotische Formulierung). Meine Tochter sieht die Brust ihrer Mutter und verstummt mit einem völlig verklärten Gesichtsausdruck. Irgendwie erinnert mich Clara in diesem Moment an mich. Zumindest, was den Blick auf die Brust betrifft. Zwei Tage alt und ähnelt bereits ihrem Vater. Ist das nicht wunderbar?

Die ersten Wochen vergehen wie im Flug. Das mag an der Übermüdung liegen. Zeit beginnt unerheblich zu werden. Mahlzeiten werden eingenommen, wenn man mal fünf Minuten Zeit hat, was höchst selten vorkommt. Geschlafen wird immer unregelmäßiger, der Tag wird zur Nacht und umgekehrt. Man sitzt auf der Toilette und nickt ein, man steht mit dem Wagen an der roten Ampel, und lautes Gehupe hinter einem reißt einen aus dem Dämmerschlaf. Das einzig Regelmäßige erscheint mir nur noch unsere

Tochter. Sie trinkt, macht in die Windeln, treibt mich zur Verzweiflung, bis das Bäuerchen kommt, und fällt dann in tiefen Schlaf. Genau in dieser Reihenfolge.

Okay, das Baby schnell in die Wiege gelegt und ins Bad. Zähne putzen, duschen und sonstige Dinge erledigen. Ab ins Bett und ein paar Stunden Schlaf. Ich glaube, dass unsere Tochter jetzt schon weiß, wie sie mich darauf vorbereitet, was es bedeutet, eine Tochter zu haben: Ich Chef – du Diener. Sie wartet, bis ich in die REM-Phase eintrete, und brüllt dann los. Ich torkele aus dem Bett und stolpere schlaftrunken über die Wiege, was dann folgende Kommentare provoziert:

»Pass doch auf, du bringst unsere Tochter noch um!« oder »Meine Güte, das arme Kind, vielleicht hätte es noch ein Stündchen weitergeschlafen, aber NEIN, ihr Vater muss sie ja jetzt schon aus dem Bettchen schleifen!«

Sie hat »schleifen« gesagt, aber ich bleibe ganz ruhig, beiße die Zähne zusammen und denke an all die Hormone, die augenscheinlich Beas Körper immer noch nicht verlassen haben. Aber ich nehme mir vor, morgen früh den Begriff »Exorzist« zu googeln. Vielleicht kann so ein Typ ja auch Hormone und nicht nur böse Geister austreiben. Man kann nie wissen.

Tagebucheintrag: 17. Februar, 16:40 Uhr – Stammkneipe

Bin jetzt mehr als bereit, meine Vaterpflichten zu übernehmen! Habe heute Morgen die Spülmaschine ausgeräumt und wollte den Wagen waschen lassen, aber Beate meinte, dass das nicht zu den Vaterpflichten gehört. Ein bisschen fies fand ich das schon, immerhin soll doch Clara nicht in einer schmutzigen Karre rumkutschiert werden. Das bin ich meinem Erziehungsauftrag schuldig. Das Kind soll frühzeitig lernen, was Sauberkeit und Ordnung bedeuten.

Der erste Ausflug

Es schneit, aber wie man hört, soll ja frische Luft super gesund für Babys sein, auch wenn diese Luft gefühlte 20 Grad minus hat. Kein Problem, man kann sich ja warm anziehen. Folgender norddeutscher Satz wäre da angebracht, und meine Schwiegermutter benutzt ihn gern: »Es gibt kein schlechtes Wetter, nur die falsche Kleidung!« Hört sich toll an, ist aber idiotisch.

Also gut, unsere Tochter wird dick eingepackt. Unterhemdchen, Blüschen, Höschen, Söckchen, Pullöverchen, Mäntelchen, Häubchen, Mützchen, Handschühchen, Schühchen, oh, Scheiße, ich habe das Strumpfhöschen vergessen, also alles wieder runter und von vorne.

Als ich Clara das dicke Mützchen zum zweiten Mal überstülpe, kommt ein verdächtiger Duft aus dem Höschen oder besser aus dem Windelchen. Ich bin mir jetzt nicht mehr sicher, ob mir wegen des Gestanks oder den vielen »chens« so übel wird.

Eine Sekunde lang überlege ich, ob ich nicht alles so lassen soll und sie nicht wickle (immerhin ist der Inhalt der Windel ja weich und warm), aber die Angst, dass Beate plötzlich vor mir steht und mich einen Rabenvater nennt, ist übermächtig. Also alles wieder runter und neu wickeln. Oder vielleicht doch nicht? Kaum habe ich den Gedanken zu Ende gedacht, schon steht Bea vor mir.

Erstaunlich. Ich glaube, Frauen haben nicht nur den sechsten, sondern auch den siebten, achten und neunten Sinn. Sie fühlen förmlich, wenn man versucht, etwas an ihnen vorbeizumogeln. Schon im Kindesalter hat mich das an meiner Mutter fasziniert, fürs Leben geprägt und mir einen höllischen Respekt eingejagt. Frauen sind der lebende Beweis, warum der Mensch zwei Ohren und Augen hat. Meine Mutter konnte mit ihrer Freundin telefonieren, dabei fernsehen und sich die Nägel lackieren – und bekam trotzdem mit, wenn ich in der Nase popelte und das Ergebnis am Teppich entsorgte. Wohlgemerkt hinter dem Sofa, im Dunklen, sogar in einem anderen Zimmer. Wahrscheinlich hätte sie diese Nummer auch hingekriegt, wenn ich in einer anderen Stadt gewesen wäre! Beate kann das auch. Sie ist mein drittes Auge, und natürlich hat sie die Situation sofort erkannt oder vermutlich bereits an der Haustür gerochen.

»Das ist ja nun wirklich das Letzte! Unsere arme Tochter! Wie kannst du nur auch nur eine Sekunde zögern, sie neu zu wickeln?«

»Oh, das habe ich nicht. Ich habe sogar noch länger gezögert, hatte Clara bereits im Kinderwagen, als du um die Ecke kamst.«

»Du bist noch gar nicht rausgegangen? Ich dachte, du kommst gerade vom Spazierengehen zurück.«

»Nee, nachdem ich unsere Tochter zweimal an- und wieder ausgezogen hatte, war ich zu erschöpft, um rauszugehen.«

»Na, toll, dann muss ich jetzt wohl los. Manchmal verstehe ich dich nicht. Babys machen nun mal in die Windel.«

»Nein und noch mal NEIN! Babys MACHEN nicht, sie KACKEN in die Windeln. Warum können Pferde nach der Geburt sofort stehen, Katzen sind gleich stubenrein, und sogar kleine Elefanten brauchen keine Windeln?«

Was für ein idiotischer Vergleich, aber ich habe Glück, Beate hat ihn offensichtlich nicht gehört, denke ich. Falsch.

»Warum können das Babys nicht? Da siehst du mal, wie degeneriert unsere Gesellschaft heute ist.«

»Ach ja, und du warst schlauer?«

»Weiß ich nicht, kann mich nicht mehr erinnern. Meine Mutter sagt immer: ›Du warst als Baby schon so schlau wie heute.‹ Abgesehen davon, war es draußen viel zu kalt, und da habe ich mich entschlossen, zu Hause zu bleiben.«

»Ach, auf dem Sofa vor dem Fernseher?«

»Ja, Clara liebt Fernsehen.«

»So 'n Blödsinn. Und warum hast du sie im Kinderwagen ins Nebenzimmer geschoben?«

»Es hat so gestunken. Mir war davon ganz schwindlig.«

Was sage ich, warum rechtfertige ich mich mit überzeugenden, logischen Argumenten? Was dieses Thema und überhaupt alle Themen des Alltags der Zukunft und Vergangenheit betrifft: Frauen ticken anders. Es ist sinnlos, darüber zu streiten. Vielleicht ist das mit ein Grund, warum so viele Männer mit Herzinfarkt umfallen. Sie diskutieren mit ihren Frauen, und das endet in Verzweiflung oder, wie gesagt, in einer Herzattacke. Nein, Clara braucht ihren Vater, also entschließe ich mich, die sanfte, liebevolle Tour einzuschlagen, denn ich will überleben. Das bin ich meiner Tochter schuldig.

»Schatz, nach einem langen, anstrengenden Shoppingtag wird es dir guttun, ein wenig an die frische Luft zu gehen. Und dann könntest du Clara gleich mitnehmen. Angezogen ist sie ja noch.«

»Angezogen ja, aber nicht gewickelt!«

Das finde ich nun ein bisschen gemein von meiner Frau, um nicht zu sagen unfair. Ich hatte ja tatsächlich in Betracht gezogen, Clara zu wickeln. Was kann ich dafür, dass genau in dem Moment Beate um die Ecke kam? Aber wie gesagt, ich habe mich entschlossen, diplomatisch zu sein, also drehe ich den Fernseher lauter und gehe damit jeder Diskussion aus dem Weg.

Geht nicht! Einer diskussionswütigen Frau geht niemand aus dem Weg. Ich glaube bis heute, dass daraus der Spruch »Steter Tropfen höhlt den Stein« entstanden ist. Kreuzzüge, die im Mittelalter über zwanzig Jahre gedauert haben, sind mit Sicherheit so motiviert worden. Die Männer wollten den fruchtlosen Diskussionen mit ihren Frauen entkommen und erfanden aus diesem Grund die Kreuzzüge. Ja, und was machen wir Männer heute? Wir stellen uns taub oder ergeben uns unserem Schicksal. Manch einer hat es sogar vorgezogen, seine Frau aus dem Weg zu räumen und dafür fünfzehn Jahre in den Knast zu wandern. Nein, das ist mit Sicherheit keine Lösung, schließlich liebe ich sie und auch meine Tochter. Ich gebe trotzdem zu bedenken, dass laut ernsthaften Statistiken Ehepartner häufiger an Mord denken als an Scheidung. UND, wie sollte es anders sein: Es sind vor allem Frauen, die sich solchen Gewaltphantasien hingeben. Vielleicht sollte ich doch mit Clara rausgehen.

Tagebucheintrag: 21. Februar, 15:45 Uhr – Stammkneipe

Zum ersten Mal freue ich mich über das allgemeine Rauchverbot. Auch mein Stammlokal hat sich dem angeschlossen, und das kommt mir heute sehr entgegen. Es war so kalt draußen, dass ich mich entschlossen habe, Clara ein wenig Wärme zu bieten. Meine Stammkneipe lag (rein zufällig) genau auf dem Weg. Augenscheinlich gefällt es da auch meiner kleinen Tochter. Laute Musik dröhnt aus den Lautsprechern (der Wirt steht total auf AC/DC), und das scheint Claras Geschmack genau zu treffen. Ich muss nur vorsichtig sein, dass Beate nichts merkt. Sie würde behaupten, ich würde mich meinen väterlichen Pflichten entziehen. Das ist nicht wahr. Ich bin hauptsächlich wegen Clara da. Sie soll doch unter Leute kommen, denn das ist wichtig für ihr soziales Verhalten später. Außerdem ist es draußen viel zu kalt zum Spazierengehen. Zur Sicherheit verkneife ich mir ein Bier ... Bea hat einen überdurchschnittlich entwickelten Geruchssinn.

Das Baby wird in die Gesellschaft eingeführt

Heute ist der Tag, an dem Clara der Verwandtschaft vorgestellt oder besser: präsentiert wird. Tanten, Onkel und sonstige Familienangehörige machen unserer Tochter ihre Aufwartung. Natürlich verschläft diese alles. War ja klar, nachdem sie sich die ganze Nacht hat vollaufen lassen. Zwar mit Milch, aber wo liegt da der Unterschied? Wach gehalten hat sie Beate und mich abwechselnd. Ich gebe zu, dass auch ich kurz darüber nachgedacht habe, ebenfalls in einen komatösen Schlaf zu fallen, um mir die Verwandtschaft zu ersparen, aber die drohenden Blicke meiner Frau halten mich davon ab.

Seit einiger Zeit hege ich ja den Verdacht, dass unsere Tochter nur so tut, als würde sie schlafen. Ist jetzt schon ein raffiniertes Stück. Ein Mädchen halt.

Und natürlich will jeder, der zu Besuch kommt, das Kind sehen. Wenn sie sich damit nur zufriedengeben würden. Nein, zunächst fressen sie uns die Kekse weg und trinken alles Greifbare. Und dann kommt der Moment, an dem sie das Kinderzimmer betreten. Beate versucht noch zu retten, was zu retten ist …

»Bitte leise. Clara ist gerade eingeschla…«

»Ach, Gottchen, ist die süüüüüüüüüüß!«, brüllt Oma

Renate, und als Kontrastprogramm kräht Onkel Friedel: »Meine Güte! In diesem Loch soll das arme Kind aufwachsen?« Aber Gott meint es gut mit uns, Clara wacht nicht auf.

Wie würde das auf das Kind wirken? Fremde Menschen beugen sich über das Bett und geben merkwürdige Laute und Kommentare von sich.

»Bittu klein Mädi ... Budi-budi ...bisdu kleine Süssi. Didi-du ...«

»Was hat die Kleine für ein Glück! Sie sieht dir total ähnlich, Bea, und vom Vater hat sie gar nichts. Na ja, vielleicht die Zehennägel ...«

»Ist Benni überhaupt der Vater?«, flüstert jemand.

»Oh, Beate, die ist dir ja wie aus dem Gesicht geschnitten und mit ein bisschen Phantasie auch dir, Benni.«

Ich frage mich, wie ein vier Tage altes Mädchen seiner Mutter *und* seinem Vater wie aus dem Gesicht geschnitten sein kann. Insgeheim bin ich froh, dass unser Hund nicht mit im Kinderzimmer ist. Wahrscheinlich hätte manch einer auch da noch eine gewisse Ähnlichkeit entdeckt.

Als sich Tante Berti (98 Kilo) auf das Gitterbettchen lehnt, bricht die rechte Seite des Gitters, als sei es aus Pappe. »Wohl bei Ikea gekauft, was?«, meint sie schnippisch, als sei Herr Ikea an ihrem Übergewicht schuld. Gut, dass ich eine schlagfertige Frau habe. Die kontert mit einem trockenen »Nee! Bei billiger.de. Schlanke Preise für schlanke Menschen.«

Oma Traudi verliert eine Träne über dem Bettchen. Opa Fritz sein Gebiss. Onkel Benedikt hat ein Gedicht verfasst:

Kindlein klein,
Was bist du fein.
Ganz die Mutter,

Süß und zart –
Ganz der Onkel,
Sonnig und smart.
So sollst du bleiben
Und deine Eltern in den Wahnsinn treiben.

Gottlob bekommt Clara von alldem nichts mit. Wahrscheinlich hätte sie umgehend beim Familiengericht um Freigabe zur Adoption gebeten. Nur weg von dieser Familie!

Wenige Tage später ist der Spuk vorbei. Die Bilanz: einunddreißig Stofftiere (wovon siebzehn identisch sind und bei Tchibo 4,99 Euro kosten), vierzehn Rasseln, sieben Schnuller (Clara hat sich fürs Daumenlutschen entschieden), ein Sparbuch mit einem Guthaben von 10 Euro und, jetzt kommt's: ein Buch mit dem Titel *Die geheime Welt des Ku-Klux-Klan.* Da muss wohl jemand das falsche Buch eingepackt haben. Wer das war, ist nicht mehr zu klären, da nur eine Widmung auf der ersten Seite steht: »Für Opa Lothar zu seinem 80. Geburtstag«, die Unterschrift ist unleserlich. Opa Lothar hat dann wohl den Ratgeber *Wickeln, aber richtig* bekommen. Na ja, vielleicht kann er ihn ja mittlerweile auch gebrauchen.

Clara hat, schlau, wie sie ist, den ganzen Spuk verschlafen und keinen Schaden genommen.

Tagebucheintrag: 26. Februar, 23:05 Uhr – Küche

Sie sind alle weg! Es war ein Albtraum. Warum muss man bei der eigenen Hochzeit den gesamten Verwandtenkreis mitheiraten? Hätte ich das geahnt, hätte ich möglicherweise bei der Auswahl meiner Partnerin einer Vollwaise den Vorzug gegeben. Das hätte Zeit, Nerven und Streit erspart. Beate hat drei Geschwister, sieben Onkel und was weiß ich wie viele Blutsverwandte. Die Cousins und Cousinen lassen sich sowieso gar nicht mehr zählen, geschweige denn unterscheiden.

Männer & Frauen – (k)ein Problem?

»Ich denke, es ist an der Zeit, ein paar Fakten über euch Männer richtigzustellen!«

»Na, da bin ich aber gespannt. Obwohl es mir lieber wäre, du würdest warten, bis all die männerkritischen Hormone deinen Körper verlassen haben.«

»Sehr witzig! Bei euch haben die Hormone einen Direktzugang zu den entsprechenden Körperteilen. Präziser will ich mich da nicht ausdrücken. Ein nackter Busen oder ein schnelles Auto löst bei euch gleich ohne Umwege Dinge aus, die für eine Frau vollkommen unverständlich sind.«

»Die Reihenfolge stimmt nicht. Der Busen kommt erst nach dem schnellen Auto!«

»Nun lass mich mal die Dinge beschreiben, wenn möglich, ohne mich zu unterbrechen.«

Frau trifft Mann, und schon gibt es die ersten Missverständnisse

Wir Frauen wollen reden, in die Augen unseres Auserwählten gucken, um ihn zu verstehen und einzuschätzen. Ist er der Richtige? Wird er mich auf Händen tragen? Liebt er Kinder? Ist er zärtlich?

Funktioniert nicht, sein Blick wandert ständig hin und her oder besser: rauf und runter, wenn Sie wissen, was ich meine. Der Mann versucht ebenfalls, die Frau einzuschätzen, aber es sind ganz andere Fragen, die er sich stellt.

Wie sieht sie unter den Klamotten aus? Trägt sie BH? Wenn sie nur aufstehen würde, damit ich sehe, ob sie einen Knackarsch hat. Soll ich die schnelle, die sanfte oder die Macho-Tour anwenden, um sie rumzukriegen?

Überhaupt: der Blick! Männer hätten von Natur aus mindestens mit vier Augen ausgestattet werden müssen. Mich wundert, dass nicht jede zweite Frau das T-Shirt mit der Aufschrift »Ich hab auch Augen, du Arsch« trägt. Glauben Sie mir, das T-Shirt gibt es tatsächlich.

Versuchen Sie, einige Regeln einzuhalten:

- Nicht von Autos oder Sport sprechen, denn dann wird er sofort das Wort ergreifen.
- Vermeiden Sie das Thema feste Bindung.
- »Kinder« ist ein Wort, das keiner Frau in diesem Stadium der »Beziehung« über die Lippen kommen sollte.
- Das Wort Sex dagegen wird bei ihm sofort einen massiven Adrenalinstoß auslösen, sodass er plötzlich an ihren Lippen hängt. Glauben Sie aber bloß nicht, dass seine Konzentration dadurch zunimmt. Er wird zwar geistig nicht mehr in der Lage sein, dem Gespräch aufmerksam zu folgen, aber Sie werden endlich zu Wort kommen.
- Sollten Sie an Familienplanung denken, verplappern Sie sich bloß nicht! Wörter wie Heirat, Schwangerschaft etc. verschrecken nahezu jeden Mann. Allerdings gibt es da auch Ausnahmen. Sollten Sie aus-

sehen wie Pamela Anderson und das Vermögen eines arabischen Scheichs haben, dazu einen Aston Martin fahren, und Ihr Rock ist gerade mal so lang, dass er Ihr Höschen verdeckt, dann wird der Mann im Bruchteil einer Sekunde zum Opfer einer hormonell bedingten Gehirnlähmung, die ihm Sprache, Denken und jegliche Logik raubt. Das ist genau der Moment, den Sie zu Ihrem Vorteil nutzen sollten.

Wie auch immer: Wenn Sie nach einiger Zeit durch geduldige Bemühungen oder chaotische Planung (kein Kondom etc.) schwanger werden, beginnt die wahre Überzeugungsarbeit. Sein Wagen muss weg (viel zu klein), die Wohnung muss weg (viel zu klein) usw.

»Na, dieses Thema hatten wir ja schon zur Genüge ...«

Schlaflieder? Funktionieren nur bedingt!

Die Sache mit dem Schlafen ist bei Kindern ein ganz großes Ding. Sie brauchen sooo viel Schlaf. Man fragt sich nur, wann sie sich den eigentlich holen. Gefühlt sind sie nämlich immer wach. Vor allem wenn sie mal schlafen sollen! Im Fernsehen läuft ein toller Film – unsere Tochter braucht noch eine Gutenachtgeschichte. Wir sitzen nach einem langen Tag bei einem Glas Wein zusammen und flirten uns endlich mal wieder an – unsere Tochter hat in die Windeln gemacht. Und Schluckauf. Und Durst.

Mir wurde immer eingeredet, Schlaflieder oder das Zählen von Schafen würden das Einschlafen beschleunigen. Bei mir persönlich hat das nie funktioniert. Das mag natürlich daran liegen, dass mir meine Mutter nie etwas vorgesungen hat, und wenn sie es getan hätte, wäre ich wohl heute noch in psychiatrischer Behandlung. Glauben Sie nicht? Dann haben Sie sie noch nie singen gehört.

Und mit Schafen hatte ich es auch noch nie so, und das hat einen Grund. Mein Bruder erzählte mir, als ich noch klein war, dass Schafsköttel wie Lakritze schmecken, was zu einem Selbstversuch mit diesen Dingern führte. Seitdem muss ich aufstoßen, wenn ich auch nur ein Stoffschaf sehe.

Lernfähig, wie ich nun mal bin, versuche ich dennoch, Clara mit Gesang zu beruhigen. Das Problem: Ich kenne keine Kinderschlaflieder, also krame ich in meiner geistigen Jukebox und stimme das einzige Lied an, dessen Text ich auswendig kenne. Keine gute Idee. Clara steht nicht auf »Rock Around the Clock«. Das mag allerdings auch an meiner fehlenden musikalischen Begabung liegen. Vielleicht ein genetischer Defekt – wenn ich an meine Mutter denke ... Auf jeden Fall fängt Clara an zu schreien, und unser Hund versucht sie mit Jaulen zu begleiten. Selbst ich muss nun mit den Tränen kämpfen.

Sekunden vergehen, und meine Frau stürzt ins Kinderzimmer.

»Was machst du da? Hast du sie fallen lassen? Um Gottes willen, gib sie mir SOFORT!«

Der Hund jault, das Kind schreit, meine Frau schimpft. Das ist mir einfach seelisch und akustisch zu belastend. Wortlos verlasse ich den Raum. Jetzt brauche ich dringend Ruhe. Weit gefehlt. Bea kommt mir hinterher und spricht das aus, was ich schon befürchtet hatte.

»Auto fahren!«

Es ist tatsächlich so, unser Baby fällt sofort in einen tiefen Schlaf, wenn wir im Wagen unterwegs sind. Nichts kann es dann stören oder aufwecken. Kein Martinshorn, kein Hupen, nicht einmal die House Music meiner Frau, und die ist nun wirklich beachtlich in ihrer Monotonie und Lautstärke.

Auto fahren, eine gute Idee, denke ich und will gerade Bea meine Autoschlüssel in die Hand drücken, als mich ihr Blick trifft. Und der sagt mehr als tausend Worte ...

Resigniert nehme ich mein völlig übermüdetes, quengelndes Kind auf den Arm und begebe mich zu unserem Wagen. Clara wird in ihrem Kindersitz festgeschnallt, und los geht die Fahrt. Nach circa fünf Minuten wird es dann auch wirklich still im Wagen. Hoffnungsvoll blicke ich in den Rückspiegel, aber nein, weit gefehlt, meine Tochter schläft nicht. Im Gegenteil. Mit glänzenden Augen blickt sie aus dem Fenster und bewundert die vielen bunten Lichter. Klar, wir fahren ja auch durch eine schicke Einkaufsstraße. Mir wird klar, dass Mädchen im zarten Babyalter bereits in der Lage sind, optisch shoppen zu gehen. Ein Naturphänomen, das eindeutig zu den Wundern der Evolution gezählt werden kann.

Plötzlich reißt mich ein roter Blitz aus meinen Träumen. Vor lauter In-den-Rückspiegel-Sehen habe ich eine rote Ampel überfahren. Klasse, wieder ein Blitzer, der Führerschein ist dann erst mal weg. Das bedeutet öffentliche Verkehrsmittel. Beate wird fluchen, wenn sie mich durch die Gegend chauffieren darf. Wo ich doch als Mitfahrer-Frühwarnsystem gefürchtet und gehasst werde.

An der nächsten Ampel, die gerade auf Gelb schaltet, bremse ich, noch unter Foto-Schock, zu scharf ab, mit dem Resultat, dass Clara wieder beginnt, unangenehme Geräusche von sich zu geben. Eine Mischung aus »Hunger, ich will jetzt an die Brust« und »Hoppla, ich muss mal«. Alles Probleme, die ich acht Kilometer von zu Hause entfernt nicht lösen kann.

Jetzt gibt es nur eine Möglichkeit: Ich muss schnellstens auf die Autobahn. Alles über 120 km/h produziert bei Clara Schlaf-Endorphine, die sie schockartig in Tiefschlaf fallen lassen. Sieben Minuten später biege ich auf die A7 in Richtung Hannover ein. Gas geben, Blick in den Rückspiegel, Kind schläft. Erleichterung durchströmt meinen Körper.

Leider dauert dieser Zustand nur wenige Sekunden an. Vor mir sehe ich unendlich viele Bremslichter. Klasse, wir fahren direkt in einen Stau, und der reicht, so weit das Auge blickt. Leise schalte ich das Radio ein, und wie bestellt kommt die Durchsage: »Neun Kilometer Stau, Vollsperrung wegen eines Unfalls.« Noch schläft Clara, aber mein Glück hält nicht lange an. Verzweifelt suche ich im Radio einen Sender, der einschläfernde Musik spielt, und lande bei Klassik Radio. Jetzt zeigt sich, dass Clara Wagner hasst, denn nun ist sie hellwach und beginnt zu brüllen. Ich entscheide mich für »nur Brüllen« und schalte Richard Wagner und Radio wieder aus. Wenn ich die Wahl gehabt hätte, hätte ich mich für Wagner entschieden, aber Clara ist da anderer Meinung. Wer Kinder hat, gibt sämtliche demokratischen Begriffe auf: Meinungsfreiheit, gemeinsame Entscheidungen, und der Unterlegene respektiert die Mehrheit … Vergessen Sie's. So auch ich.

Nach circa fünfzig Minuten Stillstand, sieben Anrufen von Bea mit der Frage, wo ich denn bleibe und ob ich einen Vogel hätte, mit einem Kleinkind mitten in der Nacht stundenlang durch die Gegend zu gondeln, ist die Autobahn geräumt, und die Fahrt geht langsam weiter. Mittlerweile bin ich wahrscheinlich in einem schlechteren Zustand als meine völlig übermüdete Tochter. Gut, ich gebe zu: Weder sitze ich auf einer übel riechenden Windel, noch habe ich Hunger, aber müde und verzweifelt bin auch ich.

Ich entschließe mich, an der nächsten Ausfahrt von der Autobahn abzufahren und auf dem kürzesten Weg unser Zuhause anzusteuern. Diese Entschlossenheit hat ihre Wirkung auf Clara nicht verfehlt. Mit einem Lächeln auf ihrem kleinen Gesicht ist sie eingeschlafen. Die Atemluft im Wagen ist inzwischen knapp geworden, um nicht zu sagen, es stinkt bestialisch, aber ich traue mich nicht, das Fenster zu öffnen. Eine Sekunde lang überlege ich, ob Clara vielleicht gar nicht schläft, sondern durch den Gestank ohnmächtig geworden ist. Nein, nicht möglich, sie lächelt und sieht im Rückspiegel aus wie ein Engel.

Nach fünfzehn Minuten haben wir unser Zuhause erreicht oder, besser gesagt, die Auffahrt zu unserer Garage. Nun bloß keine gewagten Fahrmanöver oder Geräusche machen, um Clara nicht zu wecken. Circa fünfzig Meter vor der Garageneinfahrt schalte ich den Motor aus und lasse den Wagen geräuschlos den Weg entlangrollen. Nervös gucke ich nach hinten. Alles okay, sie schläft fest.

Leise steige ich aus dem Wagen. Jetzt auf keinen Fall die Autotür zuschlagen. Ich schwebe förmlich mit meiner glücklich schlummernden Tochter die letzten Stufen zum Haus hinauf, als unser Hund uns fröhlich bellend entgegenstürzt.

Das war's dann. Clara schlägt die Augen auf, verzieht kurz das Gesicht und fängt an zu weinen. Alles umsonst. Da hätte ich auch gleich zu Hause bleiben können. Beate kommt mir entgegen, und ihr Blick sagt alles, aber offensichtlich hat sie leider auch das Bedürfnis, ihren Gefühlen Worte zu verleihen.

»Klar! Ist ja wieder typisch. Kurvst die halbe Nacht mit dem Kind durch die Gegend und denkst nicht daran, dass Clara ENDLICH schlafen muss! Ich will gar nicht wissen, wo du wieder gewesen bist!«

Als hätte ich mich mit ein paar Kumpeln in der Kneipe getroffen.

Völlig geschafft von der Aufregung der letzten Stunden, fällt mir ein, dass ich den Wagenschlüssel habe stecken lassen. Also wieder die Treppe runter, wer weiß, vielleicht haben sich Clara und Bea in einigen Minuten beruhigt. Unten angekommen, sehe ich gerade noch, wie das Auto unsere Einfahrt passiert – in der falschen Richtung, fahrerlos und rückwärts. Ich habe beim Ausrollenlassen vergessen, den Gang einzulegen oder die Handbremse zu ziehen. Jetzt zeigt mir die Familienkutsche, was eine Harke ist. Und dem Nachbarn gegenüber, wo sein Gartenzaun verstärkt werden sollte. Als ich nach einer gefühlten Ewigkeit endlich die Kiste wieder zu uns rübergebracht und die Handbremse festgezogen habe, kann ich mich nicht mehr entschließen, ins Haus zu gehen. Wahrscheinlich ist Bea gerade dabei, die Kleine ins Bett zu bringen. Ich will keinen Stress mehr und entschließe mich, kurze Zeit im Wagen zu warten. Radio an und Kopf an die Nackenstütze … Sekunden später, wahrscheinlich noch vor Clara, bin ich fest eingeschlafen. Im Radio spielen sie gerade die Filmmusik von *Stirb langsam*.

Tagebucheintrag: 17. November, 20:15 Uhr – Büro

Unser Nachbar hat mich verklagt und hat den Prozess gewonnen. Ich soll den ganzen Scheißzaun zahlen. Dabei war da nur ein kleines Loch, und gefahren bin ich auch nicht. Wenn man es so sieht, war es eigentlich höhere Gewalt. Beate beruhigt sich gar nicht mehr. Jedes Mal wenn ich sage: »Ich fahre jetzt ins Büro«, bekommt sie einen Lachkrampf und gibt Kommentare ab wie »Nimmst du wieder die Abkürzung durch Nachbars Garten?« oder ähnliche Gemeinheiten. Auch die Nachbarn machen sich mittlerweile über mich lustig. Sobald ich mit dem Wagen unser Grundstück verlasse, nehmen sie in gespielter Panik hinter Büschen oder Bäumen Deckung …

Weihnachten, das Fest des Friedens

Mit letzter Kraft – meine Lungen drohen zu platzen – laufe ich auf den Abhang zu. Verzweifelt mobilisiere ich meine letzten Reserven. Kann ich es schaffen? Gelingt es mir, den Wald, der sich unter mir im Tal wie ein grüner Teppich ausbreitet, zu erreichen? Nur dort wird es mir gelingen, mich zu verstecken, der tödlichen Gefahr zu entkommen.

Mit einem Schrei werfe ich mich den Abhang hinunter und lande unsanft auf unserem Schlafzimmerboden. Als ich die Augen öffne, sehe ich in die belustigt blickenden Augen meiner Frau.

»Ich hatte einen grauenvollen Albtraum«, stöhne ich und taste nach meinem Beckenknochen. »O Gott, ich glaube, ich habe mir den Arsch gebrochen!«

»Schatz, du hast dir gar nichts gebrochen und schon gar nicht deinen Hintern. Komm wieder ins Bett und erzähl mir, was du geträumt hast.« Kleine Pause. »Wenn es nicht zu lange dauert. Ich bin müde!«

»Mich hat ein grauenvolles Wesen verfolgt«, stoße ich hervor, noch immer unter Schock.

»Aha, dann weiß ich schon, was wieder los ist. Meine Eltern kommen zu Besuch, und du machst mal wieder auf Panik. Ich finde das geschmacklos und typisch Mann!«

Nach dieser nicht unbedingt logischen Analyse meiner Gefühlswelt löscht sie das Licht. Was daran typisch Mann sein soll, bleibt unbeantwortet.

Aber irgendwo hat sie natürlich recht. Ich empfinde den Besuch meiner Schwiegereltern immer wieder als eine ureigene Prüfung meines Seins. Natürlich sind »Schwiegereltern« nur die Eltern des Partners, nicht mehr und nicht weniger. Aber warum habe ich dann immer das Gefühl, unter ständiger kritischer Beobachtung zu stehen? Mein inneres Auge hört immerzu Sätze wie: »Hat der unsere Tochter überhaupt verdient? Ist er nicht ein Versager, unserer Tochter nicht würdig?«

Bea würde dazu nur sagen, dass ein »inneres Auge« mit Sicherheit nicht hören kann und dass das alles Quatsch ist.

Bei der Beurteilung meiner Schwiegereltern muss ich allerdings Unterschiede machen. Mein Schwiegervater ist für mich wie das Vorbild, das ich nie gehabt habe, da mein Vater früh verstarb. Er ist ein Freund, ein Ratgeber und ganz einfach ein wunderbarer Mensch.

Meine Schwiegermutter dagegen ist ein ganz anderer Fall. In ihren Augen habe ich Beate zu keiner Sekunde verdient, und mehr gibt es dazu nicht zu sagen. Auch jeder andere Mann wäre chancenlos. Sie ist der Meinung, dass ihre Bea einen Mann verdient hat, der eine Mischung aus Brad Pitt, Albert Einstein und Papst Pius ist. Den Papst hätte ich vielleicht hingekriegt, wenn ich an die körperliche Enthaltsamkeit seit der Geburt unserer Tochter denke. Und Brad wird sowieso überschätzt. Aber Einstein? Keine Chance.

Der nächste Tag, Sie ahnen es, besteht aus Putzen, Saugen, Waschen, Aufräumen und anderen lästigen Tätigkeiten, die Frauen einfallen, wenn ihre Mütter im Anmarsch sind. Unbegreiflich, welcher Sauberkeitsdrang bei meiner Frau ausbricht, wenn man nur den Namen »Renate« ausspricht. Renate heißt meine Schwiegermutter, aber das haben Sie sich vermutlich schon gedacht.

Ich habe mittlerweile begriffen, warum sie die meiste Zeit ein solch manisches Nur-nicht-zu-oft-aufräumen-Syndrom an den Tag legt. Sie spart ihre Kräfte für die Momente auf, in denen sich Renate ansagt. Und Renate sagt sich häufig an, um nicht zu sagen wöchentlich.

Ich erinnere mich noch gut an Weihnachten vor zwei Jahren. Meine Schwiegereltern hatten sich bei uns einquartiert, um die Festtage gemeinsam mit uns zu verbringen. Bis hierhin noch kein erwähnenswertes Drama. Wer sagt denn, dass Weihnachten ein zufriedenes, glückliches und harmonisches Fest sein muss? Zumindest bei unserer Verwandtschaft.

Zwanzig Minuten nach ihrer Ankunft entwickelte Renate ein lebensbedrohliches Rückenleiden. Sie fragen sich, warum wir sie nicht gleich in die nächste Klinik eingeliefert haben? Nein, das wollte sie nicht; sie meinte, dass sich ihr Leiden bessern würde, wenn sie nur ein wenig liegen könnte.

Es dauerte nicht lange, bis ich erkannte, was für ein Ansinnen hinter ihrem plötzlichen Leiden steckte: Renate war im Begriff, von unserem Schlafzimmer Besitz zu ergreifen.

»Aber Mama, wir haben doch extra für euch das Schlafsofa gekauft. Ihr fandet es superbequem und …«

Mit einer ungeduldigen Handbewegung wischte Renate den Einspruch Beates beiseite und meinte lapidar: »Auch Maria und Josef mussten in einem Stall übernachten, und du willst mich in irgendeine schreckliche, unpersönliche Klinik abschieben?«

Innerlich nickte ich vehement zu diesem Vorschlag, was Beate geahnt haben muss, denn sie sah mich warnend an: »Gut, aber Papa schläft dann auch bei dir, und wir ziehen auf das Doppelsofa.«

So viel zur demokratischen Mitbestimmung in unserer Ehe. Bereits am nächsten Morgen hatte sich Renates Rückenleiden auf mich übertragen, wobei ich davon ausgehe, dass das eher vom Doppelsofa herrührte. Als mir dann schlagartig klar wurde, wo wir den Heiligen Abend verbringen würden, kündigte sich, zusätzlich zu den Rückenschmerzen, auch noch eine mittlere Depression bei mir an.

Der Heilige Abend würde in unserem Schlafzimmer stattfinden, so viel stand fest. Noch heute bin ich der festen Überzeugung, dass der Grund unser neuer, großer und sehr teurer 3D-Fernseher war, der in besagtem Schlafzimmer an der Wand hing. Dazu sei noch erwähnt, dass Renate neben anderen Eigenschaften, die sie so liebenswert machen, ein TV-Junkie ist.

Nun überschlugen sich die Ereignisse. Der fast zwei Meter große Weihnachtsbaum, den ich erst am Vortag mühsam nach Hause geschleppt hatte, passte Renates Meinung nach nicht mehr ins Schlafzimmer. Es musste ein kleineres Modell her, eines, das in die Ecke passte und ihr den Blick auf den Fernseher nicht verstellte. Für die Geschenke, die wir üblicherweise unter dem Baum drapierten, war nun ebenfalls kein Platz mehr, kein Wunder bei der lichten Höhe des neuen Christbaumes von 30 Zentimetern. Selbst für zusätzliche Sitzgelegenheiten war kein Raum mehr vorhanden. Als daraufhin ein Funke des Widerspruchs in mir erwachte, wurde dieser von Renate sofort im Keim erstickt mit den Worten: »Und? Ihr könnt doch auf dem Boden sitzen. Ist doch kuschlig, wenn ihr ein paar Kissen nehmt! Sei doch nicht immer so schwierig, Benjamin Richter!« Sie sprach mich immer auch mit Familiennamen an. Wahrscheinlich wollte sie damit ihrer Verachtung Ausdruck geben.

Schließen Sie nun bitte kurz die Augen und vergegenwärtigen Sie sich folgendes Bild: ein Schlafzimmer. Im Bett liegt eine mit Glühwein abgefüllte ältere Dame, deren größtes Vergnügen es unter anderem ist, ihren Schwiegersohn zu demütigen und Weihnachtslieder zu grölen, und das genau in dieser Reihenfolge. Daneben ihr Mann im dunkelblauen Anzug und mit Hausschlappen. Auf dem Boden Beate, die Clara in den Armen hält, unser Westie, der gerade das vom Esstisch stibitzte letzte Stück Stollen herunterschlingt – und meine Wenigkeit.

Plötzlich begriff ich, was die Wissenschaftler unter »Fluchtreflex« verstehen, und hatte spontan Verständnis für manche Menschen, die das Haus verlassen, um Zigaretten zu holen, und für immer verschwinden. Leider rauche ich nicht, also blieb mir diese Möglichkeit verschlossen.

Nichtsdestotrotz, es wurde dann doch noch ein schöner Heiliger Abend, was aber allein an den strahlenden Augen unserer kleinen Tochter lag. Allerdings bin ich mir bis heute nicht sicher, ob es nur an den Kerzen auf dem Weihnachtszwergbaum lag. Möglicherweise lag es auch an Renate, die schluchzend in unserem Bett lag und versuchte, die Wiener Sängerknaben zu begleiten, die im TV gerade Stille Nacht intonierten. Egal, unsere Tochter war glücklich, Renate mit Glühwein abgefüllt, und der Rest der Familie hockte auf dem Fußboden und sehnte das Ende dieses sehr speziellen Weihnachtsfestes herbei.

Nun hätte ich fast die Bescherung vergessen. Na ja, die war, wie die meisten in den meisten Familien sind … Man bekommt Dinge, die man sich nicht wirklich gewünscht hat, heuchelt Freude und plant bereits den Umtausch.

**Tagebucheintrag: 25. Dezember,
7:50 Uhr – Küche**

Der Heilige Abend ist vorbei, und ich hoffe, dass bei uns endlich wieder der Alltag einkehrt. Ich hasse Weihnachten!

Meine Schwiegereltern wollen heute Nachmittag abreisen. Gott sei Dank! Es war eine Belastung für Körper und Seele. Ich will endlich wieder im eigenen Bett schlafen … und vielleicht sogar mit meiner Frau …

Renate hat mir zusätzlich noch einen Kaktus geschenkt mit dem Kommentar: »Der passt zu dir, und mit ein bisschen Geduld blüht er sogar!« Als hätten die zwei Krawatten nicht gereicht. Ich habe mir insgeheim schon überlegt, ob ich sie dermaßen beleidigen soll, dass sie mehrere Jahre wegbleibt und uns/mich zufriedenlässt. Habe mich dann doch nicht getraut.

Sandkastenspiele

Ich gebe es zu, ich habe mich im Vorfeld der Geburt unseres ersten Kindes sehr darauf gefreut, mit der Kleinen zum Sandkasten zu gehen. Sie auf dem Dreirad oder auf dem Bobby Car, ich mit einem guten Buch unter dem Arm, die Sonne scheint, in der Tasche sind Kekse und ein Kindertee für den Notfall – das Leben kann so schön sein!

Kann es. Ist es aber nicht unbedingt. Erst einmal hatte ich nicht mit den Sandkastenmüttern gerechnet. An dieser Stelle muss ich wirklich alle Männer auffordern: Geht gefälligst zum Sandkasten, ihr Langweiler! Man trifft ja fast nur Frauen dort! Und die tun, was Frauen gerne tun: Sie reden. Sie reden über Kinder und Kinderkrankheiten, über Wickeln und Stillen und Milchpumpen. Über Kitas und Krabbelgruppen, Kinderärzte, Kinderzahnärzte, Kinderphysiotherapeuten. Über Milchzähne, Milchfläschchen und Milchstau. Mann! Frauen können endlos reden, aber sie reden immer nur über das eine: Kinder und das Drumherum. Jedenfalls, wenn sie auf dem Spielplatz sind.

Ich also sitze mit meinem Buch da und versuche verzweifelt, mich auf einen richtig harten Thriller zu konzentrieren – und schon spricht mich die Banknachbarin an: »Erziehungsratgeber?«

»Naja, so ähnlich«, sage ich und stecke das Buch schuldbewusst und möglichst unauffällig beiseite.

»Ich glaube, ich habe schon alle gelesen«, sagt sie.

»Wow, bin beeindruckt«, sage ich und fummle am Buggy herum (Clara hat heute sowohl das Bobby Car als auch das Dreirad verweigert) in der Hoffnung, dass sie mich für zu beschäftigt hält, mit ihr über die entscheidende Frage zu diskutieren: Stillen oder nicht Stillen? Als wüsste ich da Bescheid. Allerdings habe ich dazu eine feste Meinung, die ich mich aber nicht traue, mit ihr zu teilen. Man mag sich ja nicht freiwillig als Macho outen. Nur so viel und ganz unter uns: Stillen bedeutet Nachtruhe. Für den Mann.

»Und Sie? Ihr erstes Kind?«

Ich nicke. »Süß, die Kleine«, erwidere ich und schaue zu ihrem Kind.

»Er heißt Maximilian«, erklärt sie.

»Oh. Tschuldigung. Trotzdem süß.«

»Maximilian ist sehr begabt.«

Wieso?, denke ich. Der Knirps ist doch erst geschätzte zwei. Was kann er? Um die Ecke kacken?

»Wir besuchen jetzt immer die musikalische Früherziehung.«

»Oh.« Ich sehe mir den Knaben genauer an. Er sieht aus wie ein ganz normales Kind. »Und was spielt er?«

»Englischhorn.«

Vermutlich sieht sie mir an, dass ich überlegen muss, ob mir das was sagt. Englischhorn. Wow. Was kann eigentlich meine Kleine? »Clara geht zweimal die Woche zum Taekwondo«, fabuliere ich frei in der Hoffnung, damit jede weitere Diskussion zu unterbinden. Doch weit gefehlt! »Wirklich? Das finde ich ja ganz großartig«, erklärt meine

Banknachbarin. »Wo denn? Da würde ich Maximilian gerne mal für einen Schnupperkurs anmelden.«

»Beim Taekwondo?«

»Aber Sie sagten doch …«

»Das ist ein Privatkursus. Nur für Mädchen«, stottere ich. »Wir mussten unser Kind schon vor der Zeugung anmelden.«

»Oh.« Sie schweigt. Ich nehme schnell mein Buch zur Hand und beginne beflissen zu lesen. Allerdings komme ich kaum zwei Zeilen weit, da ertönt plötzlich unsägliches Gezeter und Geschrei aus dem Sandkasten: »Meins, meins, meins, meins, meins!«

»Nein, meins!«

»Nein, meins!«

»Nein, nich deins!«

Clara und der fremde Junge ringen um einen Eimer, dessen feinkörniger Inhalt sich unterdessen vollständig über den Kindern verteilt und vom Scheitel bis zu den Pobacken wieder wird abgeduscht werden müssen. Was bin ich froh, dass die Nacharbeiten nach solchen Sandkastenbesuchen immer meine Frau übernimmt.

»Wollen Sie nicht eingreifen?«, fragt mich die Mutter des Jungen.

»Sieht doch ganz so aus, als könnten sich die beiden selber einigen«, erwidere ich und versuche ein freundliches Lächeln, während meine Tochter »Du blödes Arschgesicht!« kreischt. Mein Lächeln gefriert, und ich erhebe mich, peinlich betroffen. »Vielleicht ist es doch besser, wenn ich …«

Da kommt auch schon die kleine Rotznase zu seiner Mami gerannt und heult sich aus: »Die hat mir meinen Eimer weggenommen!!!«

»Bist du sicher, dass es dein Eimer ist?«, frage ich mit väterlicher Stimme. »Wir haben nämlich genau so einen Eimer.«

»Klar«, sagt Clara, die plötzlich neben mir steht. »Aber den wolltest du ja nicht mitnehmen.«

»Dann ist das gar nicht dein Eimer? Wieso hast du ihn dem Jungen denn dann weggenommen?«

»Hab ich gar nicht. Er wollte ihn mir über den Kopf tun.« Jetzt sehe ich, dass auch Clara feuchte Augen bekommt. Wie immer schmilzt mein Herz. »Wirklich?« Ich wende mich wieder dem kleinen Penner zu: »Wie kannst du nur, du Zwerg! Das macht man nicht.« Und zur Mutter: »Ich denke, da hätten besser mal Sie hingehen sollen.«

»Das war nur, weil sie Pipi in meinen Eimer machen wollte.«

Die Frau schnappt nach Luft. Ich bin sprachlos. Clara zuckt mit den Schultern. »Und weil der Blödmann mich nicht gelassen hat, habe ich jetzt eine nasse Hose«, sagt sie und geht wieder zum Sandkasten.

Eine Viertelstunde später, ich habe Clara hinter den Büschen mit Wechselkleidern versorgt und die nassen Sachen unten im Buggy verstaut, wagen wir es, uns wieder zu zeigen. Die Mutter des Jungen ist jetzt im Gespräch mit einer anderen Mutter, die zwischenzeitlich mit ihren Zwillingen aufgetaucht ist. Das beruhigt mich, und ich setze mich einfach auf die nächste Bank, während Clara schaukeln geht. Endlich kann ich mein Buch aufschlagen, gemütlich lesen und mich ganz in die Welt von Kant und Nietzsche begeben (okay, wie gesagt war es ein Thriller, aber trotzdem ein gutes Buch). Bis erneut lautes Geheul losbricht. Die Zwillinge kommen gleichzeitig zu ihrer Mama gelaufen und plärren: »Das Mädchen hat uns mit Sand beworfen!« – »Mami, ich hab Sand in die Augen bekommen!«

Irritiert sehe ich mich um. Außer Clara gibt es da sonst kein Mädchen. Und Clara schaukelt. Vor und zurück. Vor und zurück. Nur ihr Grinsen verunsichert mich etwas. Die Zwillingsmutter wirft mir einen eisigen Blick zu und bemüht sich dann, mit einer Trinkflasche das Auge ihres Sohnes auszuwaschen, während der andere Sohn zur Schaukel geht und Clara runterschubst. Ich springe auf und rufe: »Hey!«

Der Kleine streckt mir die Zunge raus. Clara rappelt sich auf und packt die Schaukel, um sie dem Jungen mit Wucht entgegenzuschleudern. Der wird am Kopf getroffen und fällt. Theatralisch, aber wirksam, eine Traumschwalbe. »Also, jetzt reicht es aber!«, kreischt die Mutter des Jungen und packt ihren Balg an der Hand, als müsste sie ihn vor uns schützen. »Lernt man das beim Taekwondo?«

Inzwischen ist die Schaukel zurückgeschwungen und hat auch Clara am Kopf getroffen. Ich hechte zu ihr hin. Die Lippe blutet, vermutlich hat sie alle ihre schönen Zähne verloren. »Das ist alles deine Schuld, du Trottel!«, fahre ich den Jungen an, der Clara von der Schaukel geschubst hat. Er bricht in Tränen aus und rennt wieder zu seiner Mama. Er muss nicht weit rennen, denn die Frau steht bereits hinter mir, und als ich mich umdrehe, sagt sie: »So, und jetzt möchte ich Ihren Namen und Ihre Adresse haben.« Sie zückt einen Stift. »Sie hören von unserem Anwalt.«

»Anwalt?«, blöke ich – und habe plötzlich einen Geistesblitz. »Ich bin selber Anwalt! Das wird mir ein Vergnügen sein. Für offene Platzwunden gibt es Schmerzensgeld in Höhe von mehreren Tausend Euro. Bei bleibenden Schäden kann das leicht noch mehr werden. Und wenn ihr missratener Sohn meinem Schnuffel noch die Zähne kaputt gemacht hat, dann können Sie schon mal anfangen, ihren Bausparer aufzulösen. Das wird richtig teuer für Sie, aber richtig!« Ich schwinge mein Buch. »Steht alles hier drin. Strafgesetzbuch. BGB. Verfahrensrecht. Ha! Ich freu mich schon auf den Prozess!«

Ich habe die beiden Frauen und ihre Gören nie mehr auf diesem Spielplatz gesehen. Endlich hatte ich Ruhe und konnte ungestört lesen.

**Tagebucheintrag: 2. Juni,
12:30 Uhr – Küche**

Beate ist in den letzten Tagen schlecht drauf. Nichts kann sie zufrieden stellen, und ich frage mich, was mit ihr los ist. Wenn ich nach der Arbeit nach Hause komme, liegt sie schluchzend auf dem Sofa und sieht sich zum tausendsten Mal »Vom Winde verweht« an. Die Vorhänge sind zugezogen, und zusätzlich zur Musik des Films hat sie *The Cure* aufgelegt. Ich mache mir große Sorgen. Die Musik dieser Gruppe löst sogar bei mir Selbstmordgedanken aus.

Ich backe für sie einen Kuchen, sie sieht ihn nicht einmal an. Ich koche ihr Lieblingsgericht (Kartoffelsuppe), sie lehnt es ab. Ratlos suche ich nach Wegen, um sie wieder aufzumuntern – ohne Erfolg.

Dann, heute Morgen, kam von ihr der entscheidende Satz: »Mir ist kotzübel!« Und damit schob sie den Teller beiseite. Rums!

Jetzt wurde mir alles klar. »Du bist doch nicht etwa schwanger?« Eigentlich hatten wir nach der Geburt von Clara beschlossen, einige Jahre zu warten.

Stumm sah sie mich an, und langsam füllten sich ihre Augen mit Tränen, was bei mir regelmäßig eine emotionale Kernschmelze auslöst.

»Eben nicht! Wahrscheinlich kann ich keine Kinder mehr kriegen. Wahrscheinlich bin ich zu dünn und zu alt!«, schluchzte sie, sprang auf und rannte ins Bad.

»Zu dünn eigentlich nicht«, murmelte ich und betete im gleichen Augenblick, dass sie meinen Kommentar nicht gehört hatte. Aber sie hatte ... Frauen hören ALLES!

Kein Klopfen, kein Bitten, nicht einmal das Versprechen, mit ihr shoppen zu gehen, konnte sie nun bewegen, die Tür zu öffnen. Nicht einmal, dass ich ihr versicherte, dass sie keineswegs zu dünn und schon gar nicht zu alt sei, vermochte sie zu trösten. Im Gegenteil: Jetzt trat sie zusätzlich noch wütend gegen die Tür – keine Ahnung, was sie so in Rage gebracht hatte. Und so verbrachten Clara, unser Hund Yuma und ich den halben Nachmittag vor der Badezimmertür und versuchten, Beate mit allen möglichen Versprechen aus dem Bad zu locken.

Gegen 16:45 öffnete Bea dann doch plötzlich die Tür, rauschte an uns vorbei und meinte im Vorübergehen, als sei nichts geschehen: »Ich muss los. Hab um siebzehn Uhr einen Termin beim Friseur.« Und weg war sie. Die Stimmungsschwankungen einer Frau lassen mich immer wieder staunen.

Aber das war noch nicht alles.

Als Beate zwei Stunden später wieder nach Hause kam, antwortete sie auf meine Frage, warum sie sich denn stundenlang im Bad eingeschlossen hatte und was denn los sei, mit einem knappen »Nichts! Warum?«.

Das sind die Momente, in denen mir klar wird, dass Männer und Frauen von verschiedenen Planeten stammen müssen.

Beate konnte anscheinend die Ungewissheit nicht mehr ertragen und hat heute Morgen, nein, um genau zu sein, heute Nacht den Schwangerschaftstest gemacht. Um ganz präzise zu sein: Sie hat neunzehn Teststäbchen bearbeitet, wenn Sie wissen, was ich meine …

Als sie sich dann sicher war, dass sie ein Baby erwartet (wahrscheinlich war bereits das erste Teststäbchen positiv), wurde ich mit einem Freudenschrei geweckt, der mit Sicherheit auch in der Nachbarschaft zu hören war.

»Wir bekommen doch ein Baby!« Kleine Pause. »Nun lieg hier nicht so rum, hol schon den Sekt! Darauf müssen wir doch anstoßen!« Nachdem ich zu dieser nachtschlafenden Zeit immer große Probleme habe, meine Augen zu öffnen, schüttelte mich Bea ungeduldig. »Ich seh schon, du freust dich gar nicht! Typisch Mann. Den Spaß wollt ihr haben, aber die Konsequenzen wollt ihr nicht mittragen!« Zu verschlafen, um zu protestieren, wankte ich in die Küche und holte eine Flasche Prosecco. Als ich ihr gerade ein Glas einschenken wollte, schüttelte Bea verärgert den Kopf und meinte nur vorwurfsvoll, dass ich doch genau wisse, dass sie in der Schwangerschaft keinen Alkohol trinken dürfe.

Egal, ich freue mich auf das Baby! Hoffentlich wird es ein Junge.

**Tagebucheintrag: 21. Dezember,
4:16 Uhr – Klinik**

Das Baby ist da, und es ist ein Junge! Endlich kann in unserer Familie demokratisch abgestimmt werden. Geschlechter-Gleichstand! Wenn man den Hund nicht mitzählt ...

Eins frage ich mich allerdings: Warum kommen Kinder in den meisten Fällen nachts auf die Welt? Unseren Ryan haben wir, ich kann mich gut erinnern, morgens gemacht. Überhaupt: Sollten wir uns entscheiden, noch ein Baby zu planen, sollten wir das tagsüber erledigen. Das scheint der perfekte Termin zu sein. Die Kinder (sollten Sie welche haben) sind im Kindergarten oder in der Schule, der Briefträger läutet erst ab elf Uhr, und Telefone kann man stumm schalten. Und überhaupt: Beate war während der Schwangerschaft nicht ein einziges Mal schlecht, ihre Essgelüste waren nicht merkwürdiger als sonst, und alles war einigermaßen entspannt, sieht man mal von den Fressattacken und Wutanfällen ab, die dann nahtlos in tiefste Depressionen umschlugen.

Nun gut, die Zeit der Geburt (4:16 Uhr) war nicht gerade inspirierend, aber ein Gutes hatte das alles: Die Schwiegereltern, genauer gesagt, Renate, schlugen erst nach elf Uhr im Krankenhaus auf, und zu diesem Zeitpunkt war ich bereits im Büro.

Bea und ich hatten uns ja dieses Mal bereits lange vor der Geburt auf einen Namen geeinigt: Ryan.

Haustiere

Es kommt der Tag im Leben jeder Familie, da stellt sich die Frage, ob man sich nicht (noch) ein Haustier anschaffen will. In diesem Fall war es unsere Tochter, die diese Frage stellte, und zwar am Tag ihres fünften Geburtstages:

»Papaaa, darf ich einen Hund haben?«

»Aber Clara-Schatz, wir haben doch Yuma. Was willst du denn mit noch einem Hund?«

»Tina hat auch einen. Einen eigenen.«

»Kommt gar nicht in Frage, Schätzchen. So ein Hund bedeutet viel Verantwortung.«

Am leeren Blick des Kindes kann man mühelos erkennen, dass das Wort »Verantwortung« ein komplettes Fremdwort für den Nachwuchs ist.

»So einer aus der Werbung wäre super.«

»Einer aus der Werbung?«

»Ja, die mit dem Schleifchen im Haar!«

O Gott, sie will so ein Wollknäuel, bei dem man ständig Panik hat, dass man aus Versehen drauftritt.

»Oder ein Bullterrier.«

»Ein was?«, stöhne ich und versuche mir vorzustellen, was meine Tochter mit einem Bullterrier anstellen würde oder er mit ihr. Besser nicht.

»Der Leo aus dem Kindergarten hat so einen. Und jetzt haben alle Angst vor ihm.«

»Clara-Schätzchen, die haben nicht Angst vor ihm, die haben Angst vor dem Hund.«

»Cooool.«

Okay, sie ist offensichtlich noch nicht reif für einen Hund. Jetzt packt Papa mal seine ganz große Trickkiste aus: »Wenn du einen eigenen Hund hast, dann musst du jeden Tag ganz früh aufstehen und mit ihm Gassi gehen. Auch am Sonntag!« Schlagartig wird mir klar, dass ich mir gerade selbst ein Ei gelegt habe.

»Au ja, dann braucht ihr mit mir nicht mehr zu schimpfen, dass ich immer schon um sechs wach bin! Ich geh dann mit meinem Hund spazieren! Und ihr seid noch ein bisschen ungestört«, sagt sie und zwinkert mir tatsächlich zu. Mann, die Kleine hat's aber faustdick hinter den Ohren. Das muss sie von der Mutter haben.

»Und stell dir mal vor, was so ein Hund kostet«, erkläre ich. »Der frisst uns doch die Haare vom Kopf. Für das Geld könntest du jeden Monat mindestens zwei Barbie-Puppen bekommen.«

»Heißt das, wenn ich keinen Hund will, bekomme ich ab jetzt jeden Monat zwei neue Barbies?«

»Also, so habe ich das jetzt nicht gemeint, Kind.« Sollte Juristin werden, die Kleine. Perfekt darin, anderen Leuten das Wort im Munde umzudrehen.

Zugegeben, auf die intellektuelle Wendigkeit meiner Tochter bin ich trotzdem ein bisschen stolz. Auf meine weniger. Langsam habe ich den Eindruck, *sie* ist die mit der Trickkiste.

Okay, dann eben auf die brutale Tour: »Und stell dir nur

vor, wenn er krank ist! Auch Haustiere leiden und sterben irgendwann.«

»Du und Mama doch auch! Dann habe ich wenigstens einen Hund und bin nicht so traurig. Und bis dahin hat er ein schönes Leben bei uns, Papa! Ich hab auch schon einen Namen für ihn!«

Ich entschließe mich, diese Bemerkung zu ignorieren und das Thema zu wechseln.

»Clara, sag mal, wollen wir nicht zuerst einmal mit etwas Kleinerem anfangen?«

»Kleiner als was?«

»Ich meine, kleiner als ein Hund.«

»Nee, dann schon lieber was Größeres.«

»Was Größeres?«, frage ich entsetzt.

»Ja, einen großen Hund oder ein kleines Pferd.«

Damit scheint für meine fünfjährige Tochter das Thema erledigt zu sein; siegessicher verlässt sie den Raum.

Zwei Stunden später, die Kinder sind im Bett, konfrontiere ich Beate mit dem Wunsch unserer Tochter. »Was sagst du zu Claras Plänen?«

»Welchen?«

»Die mit dem Hund.«

»Ach, und ich dachte, wegen des iPads.«

»iPads?«

»Nicht so wichtig. Was ist denn mit dem Hund?«

»Dem Hund? Ist das für dich schon so konkret? Ich dachte, wir überlegen erst einmal gemeinsam, ob wir uns noch einen Hund zulegen wollen.«

»Damit willst du sagen, du hast schon beschlossen, dass es keinen Hund für Clara gibt, ja?«

»So habe ich das nicht gemeint, aber wir haben doch schon Yuma, und die gehört uns allen ...«

»Klang aber sehr danach. Würde mich auch nicht wundern.«

»Ach, und warum nicht?«

»Weil du da oft eiskalt bist. Beim Ablehnen von Kinderwünschen.«

»Also wirklich, Beate, das stimmt doch gar nicht. Ich würde mich freuen, wenn Clara einen Hund bekäme!«

»Na, dann sind wir uns ja einig.« Sagt's und löscht das Licht. Warum nur habe ich das Gefühl, dass ich gerade einer riesigen Verschwörung auf den Leim gegangen bin?

Vielleicht deshalb, weil es zwar nicht der Bullterrier wurde, sondern nur so ein kleines, bissiges Hundeknäuel. Aber alle anderen Befürchtungen sind zu hundert Prozent eingetroffen: Der Einzige, der jetzt am Sonntag um sechs Uhr aufsteht, bin ich, um den Köter nach draußen zu bringen. Vor allem wenn das Wetter mal wieder unter aller Sau ist. Yuma ist ja an sich ein Glücksfall, um nicht zu sagen ein Langschläfer.

Seit es den zweiten Hund gibt, guckt ihn keiner mehr an. Nur ich führe manchmal Männergespräche mit ihm. Immerhin ist er der Einzige, der mir zuhört, wenn ich ihm mein Herz ausschütte. Genau genommen habe ich ihn inzwischen ganz gern. Auch wenn es eine Sie ist. Aber für eine Frau ist sie eher untypisch. Sie macht nämlich jede Menge Dreck, stinkt und frisst wie ein Schwein.

Nun also stehe ich sommers wie winters frühmorgens auf und schleppe mich mit den Kötern ins Freie, egal, ob es regnet oder schneit (und gefühlt regnet oder schneit es, seit wir Hunde haben, praktisch immer). Ich gehe in den Park, treffe andere Hundeväter und natürlich auch das ein oder andere Frauchen (mein Eindruck ist: Männer haben nur Hunde, wenn sie Kinder haben. Frauen haben nur welche, wenn sie keine haben). Dann unterhalten wir uns über Darmwürmer und Kastrationen, über Natursehnenleckerli und Haarausfall. Eben alles, worüber man besonders gerne spricht.

Zum Hund kommt irgendwann garantiert auch noch eine Katze, ein Vogel, eine Schildkröte, ein Hamster oder eine Armada von Zuchtfischen – oder alles zusammen. Kinder würden vermutlich am liebsten in einem Zoo leben.

Wenn Sie ein Mädchen haben, kommt unweigerlich auch der Tag, an dem ein Pferd angeschafft werden muss.

Je nach Typ kann es auch zuerst nur ein Pony sein, zum Beispiel eines von diesen »süüüßen kleinen Shetties«, die so klein sind, dass man gar nicht drauf reiten kann, wenn man nicht gerade zur Gattung der Wichtel und Gnome gehört. Aber dann irgendwann muss es doch ein richtiges Pferd sein, ein großes. Und die Viecher können wirklich groß sein!

Zum Glück gibt es ja genügend Pferdebesitzer, die nicht wissen, woher sie die Zeit nehmen sollen, um ihre Gäule fit zu halten. Und was so ein richtiges Pferd ist, das muss nun mal täglich »bewegt werden«. Das können dann die jungen Mädchen erledigen, die vom eigenen Pferd träumen. Wunderbares Arrangement. Andernfalls wüsste ich nicht, wie das für mich laufen sollte, denn mit Sicherheit bleibt wieder mal alles an mir hängen: Hund rausbringen, schnell das Pferd reiten, die blöden Fische füttern, die Schildkröte im Garten suchen ...

**Tagebucheintrag: 5. Mai,
0:30 Uhr – Büro**

Glück im Unglück, der zweite Hund ist bei den Nachbarn untergekommen. Clara hasst ihn mittlerweile, da er all ihre Puppen angeknabbert hat, und es bedurfte keiner großen Überredungskunst, sie davon zu überzeugen, das Vieh wegzugeben. Nun will sie eine Kuh. Also waren wir gesten im Zoo. Ich dachte, vielleicht würde sie das von ihren Ponys und anderen Huftieren ablenken. Sicherlich würde sie dann erkennen, dass ein Löwe oder eine Giraffe bedeutend interessanter sind. Und selbst meine kleine Tochter würde ja wohl einsehen, dass man einen Löwen oder eine Giraffe schlecht in einem Reihenhaus halten kann. Zunächst klappte das auch … bis wir im Spinnenhaus landeten. Sofort fand sie Gefallen an einer Vogelspinne, was für mich unbegreiflich war. Frauen hassen alles, was mehr als vier Beine hat, dachte ich bisher. Nicht Clara. Sie wollte nun statt eines Ponys doch lieber das Spinnentier. Ihr Argument: »Die ist süß und hat genauso haarige Beine wie du, Papa!«

Das Affenhaus haben wir ausgelassen. Den Kommentar wollte ich mir ersparen.

Einige Jahre später – ein typisches Wochenende

Kennen Sie das? Freitagabend, das Wochenende steht vor der Tür, und Sie haben einen richtig miesen Tag hinter sich. Zum Glück hat man ja Familie, denn die richtet einen auf, wenn es beruflich nicht so läuft, auf dem Kontoauszug nur noch einstellige Zahlen stehen, der Wagen streikt und die Kollegen nerven.

Du schleppst dich nach Hause und freust dich auf einen gemütlichen Abend. Keine Verpflichtungen. Kein Stress. An der Haustür wartet schon schwanzwedelnd der Hund, aus der Küche duftet es, dass einem das Wasser im Mund zusammenläuft. Die Kinder stehen frisch gebadet in der Tür, die Ehefrau hat sich was Hübsches angezogen und …

Okay, zugegeben, ist ein bisschen übertrieben.

In Wahrheit hat der Hund wieder in den Flur gepisst, der Kleine hat zum zehnten Mal das Butterbrot in den CD-Player gesteckt, und die Ehefrau ist mehr als frustriert, denn eigentlich wollte sie zum Sport.

»Hatten wir nicht abgemacht, dass du heute eine Stunde früher nach Hause kommst?«, schallt es mir entgegen.

Shit, denke ich, hatte ich ganz vergessen.

Zugegeben, ich war mit einem Kumpel noch ein, zwei Bier trinken, aber das muss sie ja nicht gleich wissen.

»Oh, tut mir leid. Der Chef wollte, dass ich noch etwas für ihn erledige«, lüge ich und stecke mir ein TicTac in den Mund. Wegen der Bierfahne, die ich bei jedem Atemzug vor mich her trage.

An und für sich hat ein netter Abend im Kreise der Familie schon was für sich und ist immer ein Gewinn. Für Körper, Geist und Seele. Wenn man nichts Besonderes vorhat. Wenn man sich drauf einlässt. Wenn nichts passiert.

Tut es aber. Es passiert nämlich immer etwas. Vor allem wenn eigentlich nichts passieren soll. Freitagabend ist meistens der »Papa, ich hab sooo Bauchweh«-Tag, wie früher der Montag der Miracoli-Tag war. Alles, was mit Krankheit und Ärzten zu tun hat, geschieht nämlich immer gegen Ende der Woche, damit das Wochenende nicht langweilig wird. Da verbringt man dann viele Stunden in Krankenhauswartezimmern, umgeben von hustenden, keuchenden, weinenden Kindern. Deutlich ausgedrückt: mit Kindern, die Krankheiten haben, die wahrscheinlich tierisch ansteckend sind. Meistens finden diese Krankenhausbesuche im Morgengrauen statt oder wenn man eigentlich gerade schlafen gehen wollte. Wer keine Kinder hat, hat keine Ahnung, wie belebt so eine Kinderklinik ist, wenn es draußen dunkel ist und alle Menschen schlafen. Da sitzt man nun mit einem quengelnden Kind, versucht es zu beruhigen mit Sätzen wie: »Der Onkel Doktor kommt gleich, und dann hast du gleich kein Aua mehr.«

Der Onkel Doktor kommt aber nicht (wahrscheinlich macht der gerade mit einer hübschen Krankenschwester rum oder hat sich im Bereitschaftsraum mal ein paar Stunden aufs Ohr gelegt). Stattdessen kommt eine schlecht aufgelegte, übermüdete Schwester und ruft laut: »Der Nächste, bitte, Herr Iciduchhavovies mit Kind in Untersuchungsraum zwei!«

Prima, jetzt sind all die Kinder aufgewacht, die bis eben selig geschlummert haben, und beginnen nun auch zu weinen. Dazu kommt, dass die Schwester den Namen Iciduchhavovies dermaßen verfremdet ausgesprochen hat, dass sich alle im Wartezimmer, deren Namen mit I beginnt, angesprochen fühlen und aufspringen.

Da melde ich mich auch mal, vielleicht haben wir Glück, denke ich. Richter ist ja ganz nah am I. Und stehe ebenfalls auf. Kennen Sie das, wenn es plötzlich ganz still wird und Sie das Gefühl haben, alles glotzt nur Sie an? Es glotzen uns tatsächlich alle an. Einige der Eltern tippen sich sogar mit dem Finger an die Stirn, was ich schon ein wenig ungerecht finde. Man kann sich ja mal verhören. Ich sinke langsam zurück auf meinen Stuhl.

»Sie, Herr Richter, sind noch lange nicht an der Reihe!«, meint die Krankenschwester, sieht mich strafend an und verlässt den Raum. Auch mein kleiner, eigentlich kranker Sohn sieht mich kopfschüttelnd an. »Papa, das war ja wohl megapeinlich«, zischt er mir zu.

Als wir dann im Morgengrauen endlich aufgerufen werden, geht alles ganz schnell. Diagnose: Mein Kleinster hat zwei Legosteine verschluckt. Einer rot, der andere gelb, wobei ich mir nicht ganz sicher bin, ob die Farbe irgendetwas mit den Beschwerden zu tun hat. Egal, man gibt uns ein Abführmittel, und ich mag mir gar nicht vorstellen, wie das Ganze ausgeht oder, besser gesagt: wieder rauskommt.

Tagebucheintrag: 13. Mai,
0:30 Uhr – Büro

Morgen beginnt ein neuer Abschnitt im Leben meines Sohnes. Er kommt in den Kindergarten. Wer eigentlich hat dieses Wort erfunden? Ein Garten verspricht Erholung und Ruhe. Der Ort, an dem unser Sohn die nächsten Jahre verbringen wird, ist genau das Gegenteil. Wahrscheinlich ist damit der Moment gemeint, in dem wir unsere Kleinen dort abgegeben haben, denn jetzt beginnt tatsächlich die ultimative Ruhe. Und die fängt bereits auf der Rückfahrt im Wagen an. Der Kleine schnallt sich nicht selbst ab, die Gefahr, dass er mir während der Fahrt über die Schulter kotzt, ist gebannt, und auch akustisch beginnt die Ruhephase. Unsere Clara zum Beispiel hatte in ihren frühen Jahren die Angewohnheit, ständig »Brrrr-Hopp-Brrrr-Hopp« zu rufen. Nichts und niemand konnte sie daran hindern. Hören Sie mal Mozart, unterlegt mit Brrrr-Hopp-Brrrr-Hopp …

Die andere Variante war, dass sie ständig murmelte: »Keiner liebt mich – ich kann so nicht weiterleben!«

Anfangs befürchtete ich, eine schwere Psychose sei im Anmarsch, aber ich irrte mich. Clara hatte nur Bea bei einer rührseligen TV-Schmonzette über die Schulter geguckt, als die verlassene Heldin genau diese Worte flüsterte. Der Sinn war ihr fremd, aber ihre weiblichen Gene hatten sofort erkannt, was diese Worte bei ihren Mitmenschen auszulösen vermochten.

Wahrscheinlich bin ich aufgeregter als Ryan, wie das Unternehmen Kindergarten wohl ausgehen mag.

Kindergarten

Meine innere Uhr schläft noch tief, als etwas Hartes auf meinen Bauch springt. Das Harte hat eine Stimme, ist unser Sohn: »Kindergarten, Kindergarten, juhu!«, brüllt er, während er auf meinen Weichteilen Rodeo reitet. Wo ist meine Brille, denke ich und versuche ihn abzuschütteln, was mir nur schwer gelingt. Inzwischen ist auch Beate aufgewacht, schielt auf die Uhr, und das blanke Entsetzen spricht aus ihren Worten: »Ryan, es ist vier Uhr sechsundzwanzig, um diese Zeit schlafen noch alle!«

»Is nich wahr, is nich wahr, ihr seid schon wach und ich auch.«

»Diese unnütze Logik muss er von dir haben«, meint Beate, als ob ich was dafür könnte, dass unser Sohn bereits jetzt das Bedürfnis hat, in den Kindergarten zu gehen.

»Um diese Zeit schläft meine Logik und überhaupt alles an mir. Ryan, du musst noch mal ins Bett. Es ist viel zu früh für den Kindergarten, und jetzt geh sofort in dein Zimmer.«

Ja, ich kann auch knallhart sein. Ich drücke Ryan einen Schokoriegel in die Hand (jeder ist käuflich) und schiebe ihn Richtung Kinderzimmer. Schnell schließe ich hinter mir die Tür, hauptsächlich um meinen Bestechungsversuch zu kaschieren. Sie hat nichts bemerkt, denke ich. Nix da, schlaftrunken schießt sie mir ihren Kommentar entgegen. »Klasse Erziehung! Heute Schokolade, morgen Alkohol und Zigaretten, und wer weiß, was danach kommt!« Erstaunlich, so gesprächig ist meine Frau um diese Zeit sonst nie.

Haben Sie kleine Kinder? Leiden auch Sie unter Schlaflosigkeit? Ehrlich gesagt, unsere große Hoffnung besteht darin, dass ab heute Ryan in den Kindergarten geht, was Beate und mir ganz neue Perspektiven eröffnet. Einer von uns beiden wird Ryan in den Kindergarten fahren, und wer das ist, losen wir am Abend vorher aus. So auf jeden Fall ist unser Plan. Denken wir, aber wie immer wird es ganz anders kommen.

An Schlaf ist jetzt nicht mehr zu denken. Aus dem Kinderzimmer sind ganz merkwürdige Geräusche zu hören. Ein Kratzen, ein Schaben – und immer, wenn ich kurz davor bin, wieder ins Koma zu fallen, sieht sich unser Sohn bemüßigt, mit seinem Holzhammer Legosteine zu bearbeiten. Davon hat er gefühlte fünftausend, abzüglich der beiden, die er vor einiger Zeit verschluckt hatte. Von denen haben wir uns tränenreich verabschiedet, als sie nach einem Tag und einer Portion Abführmittel wieder das Tageslicht erblickten. Ryan bestand auf einem formvollendeten Begräbnis im Garten. Legosteine im Garten begraben. Wer das hört, glaubt zu Recht, dass wir einen Vogel haben. Ich glaube, dass alle Menschen mit Kindern nach einiger Zeit einen Vogel haben.

Endlich läutet der Wecker. Wobei, die Mühe hätte er sich sparen können. Beate und ich sind bereits hellwach und, ich gebe es zu, auch ein bisschen aufgeregt. Unser Kleiner im Kindergarten, ob das gut geht?

Beide springen wir auf und machen uns fertig, denn heute wollen wir ihn gemeinsam zum Kindergarten bringen.

Als wir erwartungsvoll das Kinderzimmer betreten, liegt Ryan mit seiner Kuscheldecke auf dem Fußboden und schläft tief. Klar, jetzt müssen wir ihn wecken, und Ryan ist wie seine Mutter ein wahrer Morgenmuffel.

»Ich mach schon mal Frühstück, weck du ihn«, meint sie und entschwindet. Ich und die Arschkarte, ich finde, wir sehen uns mittlerweile schon ähnlich. Aber heute habe ich Glück, Ryan ist extrem gut drauf. Dreißig Minuten später sitzen wir im Auto und fahren los, und als wir weitere siebzehn Minuten später beim Kindergarten ankommen, hat Ryan in die Hose gemacht. Jetzt ist guter Rat teuer. Nach Hause geht zeitlich nicht mehr, ihn mit nasser Hose abgeben geht auch nicht, was tun? Beate hat eine originelle, wenn auch abartige Idee. Hose und Unterhose runter, beides aus dem Fenster halten und mit dem Wagen noch eine Runde drehen. In der Hoffnung, dass niemand unseren Wagen oder mich erkennt, sinke ich tief in meinen Sitz. Abgelenkt, vergesse ich den mir längst bekannten Blitzer. Ein denkwürdiges Bild: Ein Wagen fährt mit überhöhter Geschwindigkeit über die Schnellstraße. Auf der rechten Seite streckt eine Blondine eine sich im Fahrtwind aufblähende Kinderjeans aus dem Fenster, während auf der Fahrerseite eine ausgestreckte Hand eine Unterhose mit aufgedruckten Mickymäusen hält. Der Fahrer, so hoffe ich, ist nicht zu erkennen.

Noch sind wir in der Zeit, haben genau fünfzehn Minuten bis zum allgemeinen Eltern-treffen-Eltern-treffen-Kinder-Event. Eltern, die keinen wirklich interessieren. Mein Kind ist sowieso das schlaueste, begabteste von allen!, denken wahrscheinlich die meisten. Merkwürdigerweise ist inzwischen die Hose trocken, die Unterhose aber nicht, also entschließen wir uns, Ryan nur die Hose anzuziehen. Wie sich später herausstellen wird, ist das ein schwerer Fehler.

Als wir am Kindergarten vorfahren, sieht es aus wie bei einem Popkonzert. Überall stehen wild geparkte Fahrzeuge, aus denen Eltern mit ihren Kindern steigen – oder heulende Zwerge aus dem Wagen zerren. Der Bürgersteig ist dermaßen zugeparkt, dass wir unseren Weg über die heftig befahrene Hauptstraße nehmen müssen. Geht ja gut los, denke ich mir, aber o Wunder, wir betreten den Kindergarten, ohne größere Verkehrsunfälle provoziert zu haben.

So weit, so gut. Frau Böse, die Kindergärtnerin, empfängt uns freundlich und kniet sich vor Ryan. »Na, Rann, freust du dich auf deinen ersten Tag hier bei uns?«

»Nö«, kommt die knappe Antwort. »Er heißt Ryan«, meint Bea, wird aber sofort wieder unterbrochen. »Papa, ich find das scheiße hier, hier will ich nicht bleiben!«, meint er lapidar und klammert sich an mein Bein. Wie auf einen Schlag verstummen alle Gespräche, und wir werden der Mittelpunkt des Interesses im gesamten Kindergarten. Eigentlich erstaunlich, dass heutzutage das Wort Scheiße überhaupt noch jemand hinterm Ofen hervorlockt. Wahrscheinlich ist es der Kindermund, der so ein Wort interessant macht.

Die werden ja zu Hause eine Sprache haben! Richtige Prolls!, denken die meisten anwesenden Eltern und sehen uns an, als würden sie innerlich den Kopf schütteln. Ich schaffe es mit Mühe, dass nur meine Ohren vor Scham rot werden, Beate gelingt das wie immer mühelos. Sanft schiebe ich meinen Sohn in Richtung Kindergärtnerin, die sofort ihre Lockmittel in Position bringt. »Guck mal, Rann, ich habe hier einen gelben Luftballon. Wer den von euch als Erster kaputt kriegt, bekommt eine Belohnung.«

»Kaputt kriegen« ist genau das richtige Motto, um unseren Sohn zu motivieren. Heimlich winkt uns Frau Böse zu, wir sollen schnell den Rückzug antreten und Ryan bei ihr lassen. Wir folgen ihrem Rat und verschwinden leise. Ryan kümmert sich nicht mehr um uns, sondern jagt dem Luftballon hinterher.

Als wir vier Stunden später unseren Sohn wieder abholen wollen, erfahren wir, dass er nicht nur den Luftballon kaputt gemacht hat. Ein empörter Vater schießt auf mich zu und gestikuliert wild: »Ihr Sohn hat den teuren Gummiadler, den ich gestern gekauft hatte, im Klo runtergespült!« Kleine dramatische Pause, als hätte es sich um einen echten Adler gehandelt. »Ich erwarte, dass Sie den Adler sofort nachkaufen und ersetzen!« Er drückt mir seine Visitenkarte in die Hand und verschwindet. Etwas ratlos überlege ich, wo der blöde Gummiadler wohl herkam, aber wie so oft weiß Bea Rat.

Gerade als wir den Kindergarten verlassen wollen, bittet uns die Leiterin Frau Semmten in ihr Büro. Ohne Umschweife kommt sie auch gleich zur Sache.

»Liebe Familie Richter. Wir freuen uns sehr, dass Sie uns vertrauen und Rein (Bea zuckt kurz. Mit einem Blick flehe ich sie an, sich nur dieses eine, einzige Mal zurückzuhalten) zu uns schicken, aber wir haben hier einige Regeln, an die sich alle zu halten haben. Wir verlangen, dass die Kinder, die zu uns kommen, anständig angezogen sind!« Der Blick, den ich fünf Sekunden zuvor Beate zugeworfen hatte, hat bereits an Wirkung verloren. »Was wollen Sie damit sagen? Wir ziehen RYAN, so heißt er übrigens, immer anständig an«, bricht es aus ihr heraus.

»Nun«, meint Frau Semmten ein wenig verächtlich, »wir erwarten, dass *unsere* Kinder (Betonung liegt auf ›unsere‹, als gäbe es irgendwelche Besitzansprüche zu klären) eine Unterhose tragen. Uns interessiert nicht, wie *Sie* zu Hause herumlaufen ...« Beate und ich sind eine Sekunde sprachlos, dann fällt uns das morgendliche Hosen-Drama ein, aber der Zusammenhang wird uns nicht klar. Am schnellsten reagiert Beate: »Wie kommen Sie denn auf so einen Schwachsinn?« Ja, meine Liebste ist eine Freundin der offenen Worte.

Frau Semmten lässt sich nicht aus der Ruhe bringen und kontert: »Nun, nachdem wir bemerkt haben, dass Ihr Sohn keine Unterhose anhat, erklärte er uns, dass bei ihm zu Hause nie jemand Unterwäsche tragen würde, auch seine Oma nicht!«

Zum zweiten Mal an diesem Tag sind wir zunächst

sprachlos, brechen dann aber in schallendes Gelächter aus. Schnell ist die Situation erklärt, und nun muss sogar Frau Semmten lächeln.

**Tagebucheintrag: 4. Juli,
14:30 Uhr – Wohnzimmer**

Ryan besucht nun seit sechs Wochen den Kindergarten und genießt die Zeit dort. Wir übrigens auch …

Bea und ich haben den Eindruck, dass er dort tatsächlich auf die Schule vorbereitet wird. Sein Wortschatz hat sich enorm entwickelt. Ausdrücke wie Arschloch oder Pisser gehen ihm jetzt fließend über die Lippen. Er versteht zwar den Sinn nicht, genießt aber die Wirkung, wenn er lässig während eines Advent-Kaffees »Verpiss dich, du Arsch!« in die Runde ruft. Bea war entsetzt, aber ich bin der Meinung, dass man im Leben nie früh genug damit anfangen kann, anderen Menschen die Wahrheit zu sagen. Denn er hat recht … Onkel Friedel ist wirklich ein Arsch. Und das Gute daran: Friedel hat uns seitdem nie mehr besucht.

Gestern kam er mit einem blauen Auge nach Hause. Als ich wissen wollte, wer ihn denn gehauen hätte, meinte er nur grinsend: »Leo, aber jetzt sind wir wieder Freunde.« Ein wenig überraschte mich das schon, aber als ich Ryan heute Morgen in den Kindergarten brachte, verstand ich, warum: Leo hatte *zwei* blaue Augen. Und einen Wackelzahn …

Elternabend

Für manche beginnt es ja schon in der Krabbelgruppe, die meisten lernen ihn spätestens mit Beginn der Kindergartenzeit des ersten Kindes kennen: den Elternabend. Legenden ranken sich um ihn, zahlreiche Rituale begleiten ihn. Für manche ist er zweifellos ein bewegendes Ereignis, in dem eine große Portion Selbstverwirklichung möglich ist.

Wir sind beim ersten Mal ziemlich naiv in diese Veranstaltung gegangen – mit schockierenden Ergebnissen ... Aber der Reihe nach.

Wenige Wochen nach Claras Eintritt in den Kindergarten war es so weit: Frau Böse (sie ist übrigens gar nicht böse, sondern eher sehr nett) schickt uns ein Einladungsschreiben. »Liebe Eltern des Knuddelbanden-Kindergartens, wir laden euch alle herzlich ein, am kommenden Mittwoch um 19.00 Uhr unseren ersten Elternabend zu besuchen. Bringt gerne was zum Essen und Trinken mit und kommt möglichst zahlreich. Eure Frau Böse.«

Am Mittwoch also. Neunzehn Uhr. Zu früh, um schon zu Hause gegessen zu haben, zu spät, um erst hinterher zu Abend zu essen. Außerdem ist heute Abend Champions League. Bevor ich mein Bitte-lass-mich-da-raus-du-kannst-das-ohne-mich-viel-besser-Gesicht aufsetze, fange ich mir den drohenden Vergiss-es-Blick meiner Gattin ein. Also nichts mit einem gemütlichen Fußballabend zu Hause. Schnell wechsle ich das Thema. »Schatz, was nehmen wir denn da mit?«

»Wie, was nehmen wir da mit?«

»Na, zum Essen.«

»Wieso zum Essen? Willst du hinterher noch ein Picknick veranstalten?«

»Aber nein! Frau Böse schreibt, wir sollen was zum Essen und Trinken mitbringen.«

»Wie jetzt? Für uns?«

»Ich denke schon. Oder meinst du, sie meint, wir sollen was für alle Eltern mitbringen?«

»Das ja wohl eher nicht.«

»Eben. Also nehmen wir was für uns mit.«

»Das ja wohl schon gar nicht, Schatz. Ich bitte dich, willst du dich da echt hinsetzen und was essen? Wir sind doch keine Kinder mehr, die es nicht ohne Keks bis zum Spielplatz aushalten.«

Wo sie recht hat, hat sie recht. Die Brotzeitboxen bleiben also in der Schublade, und wir fahren ohne Wegzehrung zum Knuddelbanden-Kindergarten. Als wir ankommen, sind natürlich längst alle Sitzplätze belegt. Aber Herr Schlumpfi organisiert uns noch ein paar Stühle aus dem Bastelzimmer. Erst am späteren Abend erfahre ich, dass er nicht wirklich so heißt, sondern nur von den Kindern so genannt wird; zu spät, denn mittlerweile habe ich ihn mehrmals mit »Herr Schlumpfi« angesprochen und mir dadurch mehrere giftige Blicke eingefangen. Entsprechend ist sein Ton, als er uns zwei Stühle zuschiebt: »Sind leider nur noch Kinderstühle da. Aber wer zu spät kommt …«

Sind wir. Ich bin mir in meinem Leben noch nie kleiner vorgekommen als auf diesen Stühlen. Da saßen wir also wie zwei Pilze im Wald und lauschten den Ausführungen der Kindergartenleiterin, die uns über die besondere Knuddelbanden-Philosophie, das erzieherische Knuddelbanden-Konzept und die allgemeinen Knuddelbanden-Regeln aufklärte. Ich gebe zu, ich war nicht sehr aufmerksam. Erst als Frau Böse plötzlich fragte: »Herr Richter, nehmen Sie die Wahl an?«, war ich plötzlich wach. Hellwach! Und das nicht nur, weil meine Beate mich mit dem Ellbogen in die Seite boxte, dass mindestens zwei Rippen knackten. »Wahl?«, stotterte ich. »Welche Wahl, ich war gerade noch am Überlegen wegen der Philosophie und so.« Voller Panik sah ich mich im Elternkreis um, aus dem mir wohlwollend zugenickt wurde. »Ihre Miteltern haben Sie eben zum Knuddelbanden-Kindergarten-Elternsprecher gewählt«, klärte mich Frau Böse charmant auf. »Nehmen Sie die Wahl an?«

»Oh«, sagte ich. »Ach.« Und »Äh.« Dann blickte ich mich um, lächelte verlegen zurück und entschied: »Nein, leider nicht. Ich ... ich bin dafür gänzlich ungeeignet. Leider.« Mit den Knien versuchte ich meine roten Ohren zu verdecken, niedrig genug saß ich ja. Und nun war ich noch etwas weiter zusammengesunken. Wäre in dem Moment die Putzfrau vorbeigekommen, sie hätte mich vermutlich für ein Häufchen Staub gehalten und weggewischt. »Nichts für ungut. Ich bin zu oft auf Reisen. Sie verstehen ...« Es sah allerdings keiner so aus, als verstünde er. Vielmehr wurde die Wahl neu abgehalten, und eine sehr engagierte Mutter wurde zur Kindergartenelternsprecherin gewählt, eine ebenso engagierte andere Mutter zu ihrer Stellvertreterin – und Martin »Schlumpfi« Meier zum Erzieherbeirat.

Den Rest des Abends verbrachte ich schweigend. Man macht sich so seine Gedanken. Was kann ein Elternbeirat tun? Was kann er wollen? Und ein »Erzieherbeirat«? Mir kam das alles ziemlich undurchsichtig vor, um nicht zu sagen unnötig. Bis der Elternbeirat sein Programm vortrug – und ich gebe zu, ich war erstaunt, dass die gewählten Mütter bereits ein Programm parat hatten. Monatlicher Elterntreff in der Kindergartenbibliothek, Sommerfest, Elternchat. Gut, dass ich die Wahl nicht angenommen hatte, auf solche Sachen wäre ich niemals gekommen.

»Das war ja wohl megapeinlich!«, zischt mir meine Frau zu, als wir endlich wieder nach draußen stolpern. Nach dem Abend auf dem Zwergensitz gehöre ich eigentlich direkt in die orthopädische Notaufnahme. Oder wenigstens in die Badewanne. Doch daraus wird nichts: »Wir haben beschlossen, dass wir irgendwo noch eine Kleinigkeit essen gehen«, klärt uns die frisch gewählte Elternbeirätin auf. »Mögen Sie nicht noch mit uns kommen?«

Ich will schon ablehnen, da macht meine liebe Frau rasch noch zwei weiteren Rippen den Garaus: »Aber gerne! Wohin geht's denn?«

»Ach, da vorne gibt es ein sehr nettes Restaurant …«

»Eckkneipe« hätte es besser getroffen. Das Einzige, was die zubereiten konnten, war ein Bier. Durfte ich aber nicht trinken, weil ich ja noch fahren sollte. Also eine Aufbackpizza und ein Wasser (das schmeckte, als hätten sie damit schon mal den Boden gewischt). Immerhin war es nicht sehr teuer. Wenn man davon absieht, dass wir am Ende des Abends mit einer Liste von Aufgaben nach Hause gingen, die länger war als die Besetzungsliste von Ben Hur. Beate sollte für den nächsten Elterntreff einen Apfelkuchen backen, ich wurde zum Aufräumdienst beim Frühjahrskindergartenputz eingeteilt, und zwar als »der große Aufräum-Mufti«. Argument: »Sie arbeiten doch viel mit jungen, kreativen Menschen, Herr Richter, das können Sie bestimmt besonders gut!« Diese Logik erschloss sich mir zwar nicht, doch ich wagte nicht zu widersprechen. Für das Sommerfest sollten wir die Getränke besorgen und bei der großen Kindergarten-Rallye mit aufbauen helfen (»Oder mögen Sie lieber abbauen? Könnte aber spät werden, denn wir wollen hinterher noch ein kleines Beisammensein begehen«). Arbeit über Arbeit – keine Perspektive für mich.

Als wir endlich wieder im Auto saßen, schimpfte meine Frau: »Hättest du den Job nicht übernehmen können?«

»Welchen Job, Schatz? Ich kann schon gar nicht mehr klar denken vor lauter Eltern.«

»Na, Elternsprecher! Dann würden wir jetzt die anderen herumscheuchen und nicht die uns.«

»O Gott, woher sollte ich denn das wissen?«

»Woher wussten es denn die anderen?«

»Vielleicht haben die schon ältere Kinder und hatten einen Informationsvorsprung.«

Kurz schwieg meine Frau (was sie selten tut), dann knuffte sie mich in die Seite, vermutlich um zu checken, ob noch heile Rippen übrig waren, ehe sie mit triumphierender Stimme sagte: »Na gut, beim nächsten Kind stellen wir uns nicht so dämlich an. Da wirst du Elternsprecher und zeigst denen, wo der Hammer hängt!«

Hat dann aber doch nicht geklappt. Irgendwie scheinen die anderen Eltern den Braten gerochen zu haben. Denn schon, dass meine liebe Frau mich nominierte, kam nicht gut an. Bei der Wahl hatte ich dann genau zwei Stimmen, meine und die von Bea, was tatsächlich megapeinlich war.

Tagebucheintrag: 14. Februar,
10:45 Uhr – Wohnzimmer

Valentinstag!

Habe für heute Abend Karten für »Cats« besorgt, Bea steht doch so auf Musicals (während ich sie nicht ausstehen kann, aber das macht nichts: Für meine Frau tue ich – fast – alles). Super Plätze, zweite Reihe Mitte, Taxi ist schon bestellt, Hemd und Anzug selbst gebügelt. Bea wird Augen machen! Ich darf es ihr nur nicht zu spät sagen, sonst kriegt sie die Krise, weil sie nicht genug Zeit hat, ihre Garderobe auszusuchen. Ach ja, und der Babysitter ist auch gebucht. Für neunzehn Uhr. Louisa. Die war schon ein paarmal da. Sehr zuverlässig.

Die Überraschung

»Du hast was?«

»Karten für ›Cats‹ besorgt, Schatz!«, strahle ich mein Herzilein an. »Alles Gute zum Valentinstag!«

»Für heute Abend?«

»Na, heute ist doch Valentinstag, oder nicht?«

»Und das sagst du mir erst jetzt?«

»Dass heute Valentinstag ist, steht aber schon seit Längerem fe…«

»Dass du Karten für ›Cats‹ besorgt hast.«

»Hab ich ja auch erst heute Vormittag.«

»Und wie soll das gehen? Hast du mal meine Frisur gesehen?«

Ich beäuge meine Frau sorgfältig und nicke wohlwollend. »Tolle Frisur, Schatz. Sieht klasse aus.«

»Ich war seit zwei Wochen nicht beim Friseur!« Sie rennt aus dem Zimmer und wirft die Tür hinter sich zu. Frauen wissen nie, was sie wollen. Lobt man ihre Frisur nicht, behaupten sie, man beachte sie zu wenig. Lobt man sie, passt es ihnen auch nicht. Vielleicht ist Bea auch ein bisschen überempfindlich. Ich finde ja eigentlich immer, dass sie schöne Haare hat. Sie findet eigentlich immer, dass sie sie nicht hat. An diesem Tag jedenfalls ist offenbar ein »Badhair-day«. Und ich habe es nicht gemerkt. Zaghaft klopfe ich an die Badezimmertür. »Schatz? Alles okay bei dir da drinnen?«

»Wenn ich darüber hinwegsehe, dass sie mich im Theater für die Putzfrau halten werden, ja«, zischt sie durch die Tür, dass ich vorsorglich ein paar Schritte auf Abstand gehe.

»Du könntest dir doch diese schicke Frisur machen, die du neulich bei dem Empfang von Konsul Schlüter-Bölke getragen hast«, schlage ich vor.

»Das war ein Hut!«

Gut, dass ich auf Abstand gegangen bin, die bad vibrations hätten mich ganz sicher niedergestreckt.

»Echt? Sah aber wie 'ne Frisur aus.«

Sie öffnet die Tür einen Spalt breit. »Dass du das wieder denkst, ist typisch.« Und dann, nach einem Augenblick des Überlegens: »Ich könnte wirklich einen Hut tragen. Weißt du, ich habe da nämlich neulich so ein hübsches Teil mit Federn gekauft, das sehr gut zu meinem durchsichtigen Top kombiniert.«

»Ähm, durchsichtiges Top?«, frage ich vorsichtig, hin- und hergerissen zwischen Scham und Neugier.

»Natürlich nicht überall durchsichtig«, rügt sie mich. »Lüstling.«

Ich sehe schon, meine Bea ist wieder auf der konstruktiven Ebene angekommen. In ein paar Minuten ist sie nicht mehr ansprechbar, wenig später nicht mehr auffindbar zwischen ihren unzähligen Kleiderkombinationen, dann irgendwann werde ich nervös, weil wir endlich los müssen. Die Zeit läuft, das Taxameter auch, der Kragen scheuert, mir steht der Schweiß auf der Stirn. Endlich geht die Schlafzimmertür auf, und meine Frau verkündet: »Bin fertig. Muss mich nur noch anziehen.«

»Aber Schatz, hast du das nicht den ganzen Nachmittag über gemacht?«

»Nein, da habe ich ausprobiert.«

»Und zu welchem Ergebnis bist du gekommen?« Vage erinnere ich mich, irgendetwas von wegen durchsichtigem Top gehört zu haben.

»Ich trage das, was ich neulich bei Konsul Schlüter-Bölke getragen habe, erinnerst du dich?«

Blick zur Uhr. Kurz nach sieben. Die Babysitterin müsste auch längst da sein. Ist sie aber nicht. »Dann aber mal flott«, sage ich gequält launig.

»Bin gleich fertig.«

Kurz vor halb acht. Wir müssten längst auf dem Weg sein. Die Babysitterin längst hier. Ich leide an Vereinsamung, entschließe mich, wenigstens noch mal nach dem Taxifahrer zu sehen. Der ist zum Glück noch da, wenn auch hinter dem Steuer eingeschlafen. Ich beschließe, ihn nicht zu stören, immerhin sollte er ausgeschlafen sein angesichts der Anforderungen, die ich in wenigen Minuten an ihn zu stellen gedenke. Denn jetzt kann uns eigentlich nur noch ein Düsenantrieb pünktlich ins Theater bringen.

Bea ist fertig. Ich bin es auch. Die Babysitterin ist immer noch nicht da. Das Kinderfernsehen ist aus, Clara und Ryan quengeln, weil sie Hunger haben. »Du hast ihnen nichts gemacht?«, fragt meine Frau ungläubig.

»Ich dachte, Louisa kann was für sie machen.«

»Du hast Louisa engagiert?« Beate verdreht die Augen und stapft zum Telefon. Wenig später höre ich sie in der Frequenz und auch mit der Lautstärke eines Presslufthammers bellen: «Louisaduschwingstjetztdeinenhinternhierherundzwarsoschnelldasseraufjedemblitzerkasteninganzhamburgzusehenistverstandenwirmüsseninwenigeralseinerhalbenstundeimtheaterseinundduzahlstdiekartenwennwirdeinetwegennichtpünktlichdasind.«

Ganz ehrlich: Frauen können so was einfach besser. Wir Männer sind dafür viel zu zartfühlend. Fünf Minuten später jedenfalls ist Louisa da – und wir hechten ins Taxi. Der Fahrer darf sich von Bea etwas Ähnliches anhören wie die Babysitterin (die, wie mir schien, auch eine Art durchsichtiges Top angehabt hat, was ich für eine Babysitterin ein eher unpassendes Outfit fand, aber trotzdem scharf ohne Ende). Und tatsächlich schaffen wir es pünktlich ins Theater.

Was ich für den dritten Gong halte, ist dann allerdings Beas Handy. »Du hast dein Handy nicht ausgemacht?«

»Immerhin sind unsere Kinder allein zu Hause!« Hektisch fingert Bea das Handy aus ihrer Tasche, indem sie unseren übrigen Hausrat, den sie offenbar vollständig eingepackt hat, von links nach rechts und dann wieder von rechts nach links umpackt. »Ja?«

»Unsere Kinder sind nicht allein zu Hause«, nörgele ich.

»Schhhhhhh«, nörgelt der Nachbar.

»Nun machen Sie mal halblang, ja, immerhin geht es um unsere Kinder«, fährt Bea ihn an, worauf der sich entschließt, lieber nichts mehr zu sagen. Die Vorstellung beginnt, und meine Frau beginnt zu sprechen. »Du suchst was?«, fragt sie halbleise in ihr Telefon. »Die Chips? Du rufst mich an, um mich zu fragen, wo die Chips sind? ... Aber absolut nicht! Du kannst doch den Kindern keine Chips zum Abendessen geben!« Die Stimme hebt sich mit jedem Wort, und ich versinke mit jedem Wort tiefer in meinem Stuhl.

Beim dritten Anruf zwängen wir uns mitten in der Vorstellung durch die Reihen und verlassen unter Buhrufen und Beifall den Saal. »Wir sehen uns in zehn Minuten in der Eppendorfer Kinderklinik!«, bellt Bea in ihr Handy.

»Was ist denn jetzt schon wieder?«, keuche ich.

»Ryan hat sich was in die Nase geschoben, Louisa weiß nicht, was, aber es kommt nicht mehr raus, und Ryan hört nicht mehr auf zu heulen. Inzwischen heult Clara auch.«

Ich könnte jetzt auch heulen. Wissen Sie, was Karten in der zweiten Reihe für »Cats« in Hamburg kosten? Jeder heult da! Vor allem wenn man's nicht mal bis zur Pause geschafft hat. Na ja, immerhin haben noch ein paar von den anderen Besuchern geheult, als wir uns nach draußen kämpften. Wie das eben so ist, wenn einer mit Schuhgröße 46 und eine mit Pfennigabsätzen sich durch die Reihen quetschen.

Als das Taxi wenig später mit rauchenden Reifen vor der Eppendorfer Kinderklinik hält, sind wir so fertig, dass mir einer der Ärzte in der Notaufnahme gleich eine Trage zuweisen will. »Wir sind zwar hier eine Kinderklinik, aber in Ihrem Fall …«

»Es geht um unseren Sohn«, faucht ihn Bea an, und ich kann mir nicht helfen, sie ist schon eine verdammt selbstbewusste und mutige Frau.

»Und wie heißt Ihr Sohn?«, will die unerschütterlich gelangweilte Dame am Empfang wissen. Bea sagt ihr den Namen. Sie sieht nach – doch in ihrem Computer gibt es keinen Ryan. Nach einer beinahe handgreiflichen kurzen Diskussion zückt meine Frau ihr Handy und ruft Louisa an. Die meldet sich nach gefühlten fünf Minuten, und ich kann am Gesichtsausdruck meiner Frau erkennen, dass etwas Schlimmes passiert sein muss. Louisa hat die Kinder einfach ins Bett geschickt. »Die waren so müde, das hätte jetzt echt keinen Sinn mehr gemacht, noch nach Eppendorf zu gurken.«

Also *gurken* wir nach Hause. Als wir wenig später in unserer Eingangstür stehen, knöpft sich gerade irgendein uns vollkommen fremder männlicher Teenager die Jeans zu. »Hi«, sagt er, als wäre nichts dabei. »Wer sind Sie denn?«

»Die Frage wollte eigentlich ich gerade stellen«, sage ich.

Bea ist da direkter: »Hast du Louisa in unserem Bett gevögelt, oder habt ihr es gleich hier im Wohnzimmer getrieben?« Auf eine Antwort – obwohl mich die sehr interessiert hätte – wartet sie leider nicht: »Raus hier, und zwar so schnell, dass es staubt. Sonst brennt hier die Luft, verstanden?«

Wow, meine Frau hat offenbar in letzter Zeit ein paar Western zu viel gesehen. »Bea«, raune ich ihr zu. »Jetzt reg dich nicht auf. So sind junge Leute.«

»Von mir aus können sie sein, wie sie wollen«, faucht Beate. »Aber nicht hier. Schicken die Kinder ins Bett und machen hier Party.« In dem Moment geht die Klospülung am Gäste-WC, und eine Sekunde darauf steht Louisa vor uns. »Oh, Sie sind schon da?«

»Dachtest du, wir bleiben im Theater, während hier unsere Kinder in Lebensgefahr sind?« Die Stimme meiner Frau wird immer bedrohlicher. Bea mustert die Babysitterin von oben bis unten. Erst jetzt fällt mir auf, dass Louisa nur ein Top und ihren Stringtanga trägt. »Während ihr euch hier durchs Haus vögelt?«

Um auch etwas Intelligentes beizutragen, werfe ich ein: »Bist du überhaupt schon volljährig, Louisa?«

Die drei sehen mich an, als wäre ich vom anderen Planeten, und ich kann deutlich erkennen, dass sogar Beate ein Lachen kaum unterdrücken kann. »Wo sind die Kinder?«, zischt sie schließlich.

»Die sind oben«, sagt das Mädchen und deutet vage zur Treppe.

Beate stürmt hinauf. »Ja, also ich geh dann mal ...«, murmelt Louisas Freund und angelt seine Jacke hinter dem Sofa hervor. »Ich auch«, schließt sich die Babysitterin an. »Wegen dem Geld ...«

»Welchem Geld?«, frage ich.

»Für das Aufpassen.«

»Ha!« Beate steht auf der Treppe wie Brünnhilde in der

Götterdämmerung. »Geld? Sei bloß froh, wenn wir dich nicht wegen Körperverletzung und unterlassener Hilfeleistung verklagen. Da!« Sie hält eine Trophäe hoch. »Das hatte Ryan in der Nase.« Sie wedelt mit dem Ding, und jetzt erkenne ich, dass es ein Legostein ist – ein roter. Irgendwie ein Déjà vu für mich. Louisa und ihr Freund sind offenbar genauso sprachlos wie ich. Jedenfalls machen sie sich vom Acker, als wäre der Leibhaftige hinter ihnen her.

»Wie geht es ihm?«, stammle ich.

»Er schläft.«

»Gott sei Dank.« Völlig erledigt lasse ich mich aufs Sofa fallen. Beate schreitet die Treppe herunter wie eine Rachegöttin und setzt sich neben mich. Ich nehme ihr den Legostein aus der Hand. »Und er hatte den in der Nase?«

»Aber nein, Schatz«, flüstert meine Frau und krault mich am Kinn. »Der ist doch viel zu groß. Er musste nur mal schnäuzen.«

»Aber Louisa ...«

»Die hatte eine Strafe verdient.« Bea knöpft mir das Hemd auf und fährt mit sanfter Hand über meine Brust. »Und du hast verdient, dass das doch noch ein schöner Valentinstag wird.«

»Mhm«, stimme ich ein. »Wer braucht da schon ›Cats‹?«

Basteln mit den Kleinen

Ich war ja schon als Kind nicht sonderlich begabt im Basteln – bei mir sah das alles immer aus, als hätte ich eine »Fehlbegabung«, was handwerkliche Dinge betrifft. Dabei habe ich mir immer Mühe gegeben. Jedenfalls meistens. Zum Beispiel, als es darum ging, Kostüme für den Faschingsball zu basteln. Ich wollte als »Petrus« gehen. Also bastelte ich mir aus Watte weiße Wölkchen, die ich auf dem Kopf trug, und dazu einen blauen Umhang. Die anderen dachten, ich wollte eine Seifenblase darstellen. Das war nicht nur fies, sondern auch ein Mangel an Anerkennung für meine handwerklichen Fähigkeiten. Ein anderes Mal wollte ich ein Dracula-Kostüm kreieren. Die anderen fanden aber, ich sähe aus wie Jack the Ripper in seiner homoerotischen Phase. Also ließ ich das mit den Kostümen und beschloss, nie wieder zu basteln. Ein kluger Vorsatz, der mir viele Enttäuschungen erspart hat – bis ich eines Tages Kinder hatte, die in den Kindergarten und in die Schule kamen.

Plötzlich hieß es: »Papa, ich muss für die Osterfeier eine Hose basteln. Kannst du mir helfen?«

»Du meinst bestimmt einen Hasen, Ryan.«

»Nein, Frau Schrödel hat gesagt, ich soll eine Hose basteln. Ganz ehrlich. Ich hab nachgefragt.«

Tja, was sich moderne Erzieherinnen eben so ausdenken. Also eine Hose, wozu auch immer. Vielleicht wollen sie die ja dem Osterhasen anziehen. »Entschuldige, Ryan, aber ich bin ganz schlecht im Basteln. Hast du mal Mama gefragt? Die kann das bestimmt viel besser!«

»Hab ich schon. Aber die muss zum Friseur.«

»Verstehe.« Eigentlich verstehe ich es ja nicht. Warum müssen Frauen immer dann zum Friseur, wenn sie gerade besonders dringend gebraucht werden? »Okay, dann lass uns mal ein paar Sachen zusammensuchen.«

Und wir haben gesucht. Und wie wir gesucht haben! Nachdem im ganzen Haus kein Stück Stoff aufzutreiben war, habe ich eine meiner Boxershorts geopfert. Das Muster (mehrere Palmen mit Surfern) sah zwar nicht sehr nach Ostern aus, aber zwei abgebrochene Nadeln, zwei Spulen Faden und drei blutig gestochene Daumen später war die Hose fertig. Sah sogar ziemlich gut aus, dafür, dass wir versehentlich ein Bein unten zugenäht hatten und dann wieder auftrennen mussten.

Gegen Ryans heiße Tränen am nächsten Tag half das trotzdem nicht – Frau Schrödel hatte eben doch einen Hasen gemeint. Wir hatten nicht bedacht, dass Sie aus Franken kommt, wo die Hasen Hosen heißen und die Hosen Husen.

Ob nun Hosen oder Hasen, ob Lampions oder Serviettenringe, es scheint ein Naturgesetz zu sein, dass Kinderkriegen gleichbedeutend ist mit Bastelnmüssen. Väter leben praktisch jahrelang mit dem Uhu oder Sekundenkleber im Anschlag. Und die Anforderungen steigen dabei! In meiner Kindheit mussten wir irgendwelche Dinge aus Papier falten. Heute bauen die lieben Kleinen ganze

Weihnachtskrippen selbst. Sätze wie »Papi, kannst du das festhalten, bis es trocken ist?« bringen mich aus dem inneren Gleichgewicht und, da bin ich mir sicher, schaden meiner Gesundheit. Vor allem weil es meist Stunden dauert, bis man wieder loslassen darf, und dann kleben nicht die Bastelobjekte, wohl aber die Finger aneinander.

Tagebucheintrag: 28. November, 14:30 Uhr – Wohnzimmer

Heute brachte Ryan aus dem Kindergarten einen selbst gebastelten, undefinierbaren Gegenstand mit. Als ich ihn lobte und meinte, ich hätte noch nie ein so schönes Pferd gesehen, fing er an zu weinen und trat wütend gegen den Tisch. »Das ist ein Raumschiff!«, schrie er und stapfte wütend davon. Bei näherer Betrachtung musste ich meinem Sohn recht geben: Ein Pferd war das Ding mit Sicherheit nicht, eher ein rachitischer Frosch. Wie auch immer, das Wesen sah megahässlich aus, aber Kinder haben bedeutet nun mal nicht immer die Wahrheit sagen. »Nein, Mama hat heute Nacht nicht gestöhnt, sie hatte Kopfweh.« Oder: »Nein, Papa und Mama vertragen sich immer …«

Mittlerweile steht das sogenannte Raumschiff auf unserem Couchtisch und wird von uns regelmäßig heuchelnd bewundert. »Ist unser Ryan nicht künstlerisch begabt?!« Unter uns: Er ist wirklich nicht begabt, zumindest nicht künstlerisch.

PS: Es ist mir trotz wiederholter Versuche nicht gelungen, »das Ding«, wie Bea und ich es inzwischen nennen, zu zerstören. Mehrmals ist es mir – aus Versehen – vom Tisch gefallen. Es blieb unzerstörbar. Selbst Yuma, unser Terrier, hat Stunden darauf rumgebissen. Nichts, außer dass ich morgen mit dem Hund zum Tierarzt muss, wegen eines ausgebissenen Zahnes. Ein Freund von mir lebt in einem Hochhaus, 28. Stock, vielleicht bringt das ja etwas. Allerdings müssen wir den Abwurf auf nachts verschieben. Nicht, dass jemand durch das Raumschiff erschlagen wird …

Viel Lärm um nichts

Die Weihnachtsaufführung von Clara findet heute statt. Wir Eltern platzen vor Stolz, denn unsere Tochter spielt eine wichtige Rolle. Alle in der Familie sind bereits in heller Aufregung, selbst unser Hund Yuma spürt die Nervosität. Vor einer Woche hat uns Clara tatsächlich gefragt, ob Yuma denn nicht das Jesuskind in der Krippe spielen könnte. Es wäre keine Sprechrolle, und sie müsste nur still im Pyjama in der Krippe liegen. Als Beate und ich bezweifeln, ob es damals schon Pyjamas gab, nennt sie uns Korinthenkacker. Nun ja, die weihnachtlichen Gefühle würden sich bei unserer Tochter schon noch einstellen. Es ist ja bekannt, dass Schauspieler in den Wochen vor der Premiere oft austicken und unter großem Stress leiden.

Yuma als Jesuskind. Ein undenkbarer Vorschlag. Größenmäßig käme Yuma zwar hin, aber die Vollkörperbehaarung und vor allem der Geruch würden bei der Schulleitung und dem Pfarrer mit Sicherheit Ärger provozieren – Clara geht auf eine katholische Schule.

Als wir am nächsten Morgen gegen sieben Uhr ihr Zimmer betreten, sitzt sie bereits als einer der heiligen Könige verkleidet (ich vermute, sie sollte Balthasar darstellen) auf ihrem Bett und erwartet uns ungeduldig. In diesem Moment bin ich froh, dass sie nicht den Ochsen oder Ähnliches spielen muss. Vom Esel ganz zu schweigen.

»Papa, wir müssen los«, ruft sie und rast in die Küche, nicht damit rechnend, dass das kleine Jesuskind (alias Yuma) sie in Kostüm und Maske nicht erkennt und wütend auf sie losgeht. Das Ganze geht dann doch gut aus, da sich Clara mit ihrem Wanderstab wacker verteidigt.

Eine Stunde später betreten wir die Kirche, in der das Krippenspiel stattfinden soll. »Toll, es ist schweinekalt in diesem Gotteshaus. Die hätten ruhig heizen können«, raunt mir Bea zu.

Leider sind alle Bänke bereits besetzt, nur im Beichtstuhl ist noch Platz. »Komm, wir setzen uns da rein, ich bin sicher, dass während der Aufführung keiner zum Beichten kommt.« Gesagt, getan. Ich schiebe den Vorhang beiseite, und wir beide setzen uns. Eigentlich eine recht bequeme Lösung, außer dass die Leute uns ziemlich schräg, um nicht zu sagen empört anglotzen. Minuten später nehmen sechs Kinder auf der kleinen Bühne vor dem Altar Platz und packen ihre Musikinstrumente aus. Der Pfarrer tritt ans Mikrofon: »Liebe Gemeinde, ich freue mich, dass Sie so zahlreich zu unserem alljährlichen Krippenspiel erschienen sind. Zunächst werden einige Schüler der 4c ein Weihnachtslied intonieren. Viel Spaß!«

Was jetzt folgt, spottet jeder Beschreibung. Aber eins ist mir nach kurzer Zeit klar: Keines der Kinder spielt das gleiche Lied. Ich wusste gar nicht, dass Musik so wehtun kann.

Die anwesenden Eltern scheint das alles nicht zu stören. Es wird gefilmt, fotografiert und gerufen, was das Zeug hält. »Mausi, guck doch mal her!« Kein Wunder, dass Mausi falsch spielt. Wer kann schon in die Kamera lächeln und gleichzeitig Geige spielen? Ich glaube, es ist eine Geige, klingt aber irgendwie ganz anders. Mehr nach Posaune. Sieben Minuten später kommen die meisten Amateur-Musiker zum Ende, nur Mausi spielt noch ein wenig weiter. Das mag an der Fotosession liegen oder daran, dass das Lied, das sie gespielt hat, tatsächlich ein ganz anderes war. Einige Sekunden herrscht Stille, bis alle plötzlich aufspringen. Mein erster Gedanke: »Die wollen alle fliehen!« Aber nein, jetzt brandet tosender Applaus auf – Standing Ovations. Bravorufe sind zu hören. Beate und ich sehen uns staunend an. »Die fanden das gut. Ich hoffe, das Krippenspiel wird besser!«, flüstert sie mir zu.

Als die Chaosmusiker endlich die Bühne verlassen, kehrt langsam auch bei den stolzen Eltern wieder Ruhe ein.

Leise ist nun Weihnachtsmusik zu hören, die gottlob vom Band kommt, als die ersten Kinder in ihren Kostümen auftreten. Maria und Josef auf der Suche nach einem Übernachtungsplatz. Maria (sie sieht aus wie das Mausi von vorhin, jetzt aber ohne Geige) hält krampfhaft ihren schwangeren Bauch fest, der augenscheinlich ein großes Kissen ist, das auch mehrmals aus ihrem Kostüm rutscht. Daraufhin beginnt Josef herzlich zu lachen und Mausi (alias Maria) fängt bitterlich an zu weinen. Was ja eigentlich ganz gut zum Stück passt. Findet aber Mausis Mutter gar nicht. »Hör auf zu lachen!«, ruft sie erbost Josef zu. »Sofort! Sonst komm ich auf die Bühne!« Daraufhin bleibt dem kleinen Josef auf der Bühne das Lachen im Halse stecken, und dicke Tränen laufen nun auch ihm über die Wangen.

»Na, das ist ja noch mal eine Steigerung zum Musikauftakt vorhin. Als Nächstes prügeln sich noch Maria und Josef, und das Jesuskind wird eine Sturzgeburt!« murmelt mir Bea zu.

»Schade, dass Yumi nicht doch die Rolle spielt,« gebe ich zurück. »Da wär was los.« Doch meine angedachte Prophezeiung wird in diesem Augenblick wahr. Das Bühnenbild beginnt bedenklich zu wackeln, was augenscheinlich mit dem Auftritt der Heiligen – in diesem Falle »eiligen« – Drei Könige zusammenhängt. Alle drei versuchen nämlich gleichzeitig, sich durch eine schmale Auftrittstür auf die Bühne zu drängeln.

Und da ist sie, unsere Clara, als Balthasar verkleidet. »Von weit kommen wir her …«, dann stockt sie.

»O nein, sie weiß den Text nicht mehr. Wie peinlich!«,

murmelt mir Bea zu und ruft Clara laut den restlichen Text zu, was zur Folge hat, dass sich alle Zuschauer umdrehen und uns kopfschüttelnd ansehen.

Von uns unbemerkt hat sich unser kleiner Ryan davongemacht und krabbelt, eine lange goldene Girlande hinter sich herschleppend, in Richtung Bühne.

Mittlerweile ist unserer Tochter der Rest ihres Textes mit Hilfe von Beate wieder eingefallen. Als das Krippenspiel nun auf seinem Höhepunkt zusteuert, löst sich plötzlich mit einem lauten Knall der Stern von Bethlehem von der Decke und landet krachend auf der Krippe mit dem Jesuskind. Wie gut, dass Yuma nicht drin liegt, sondern eine Puppe, denke ich, springe auf und rase, dicht gefolgt von Beate, in Richtung Bühne. Inzwischen ist Ryan am Altar angekommen, hievt sich mit Hilfe eines Stoff-Nashorns (soll wahrscheinlich den Ochsen darstellen) auf den Altar und beginnt feierlich zu singen: »Mein Hut, der hat drei Ecken – drei Ecken hat mein Hut ...« Der Pfarrer, der noch immer das Bühnenbild hält, ruft laut: »O Gott, was für eine Katastrophe!«, und stürzt zum Altar, um zu retten, was noch zu retten ist. Mit dem Resultat, dass nun das Bühnenbild donnernd in sich zusammenkracht. Glück im Unglück: Niemand wird verletzt. Erleichtert atmen wir alle auf und sind froh, dass noch mal alles gut gegangen ist. Ein paar applaudieren sogar.

Ryan bezieht das auf sich und verbeugt sich dankend zum Publikum. Sollte ich bisher daran gezweifelt haben, jetzt wird mir klar: Mein Sohn wird Schauspieler, meine Tochter eher nicht.

Tagebucheintrag: 4. Dezember, 14:30 Uhr – Küche

Ich hasse Weihnachten. Und ich hasse Weihnachtsmänner. Der Grund ist, dass ich ihn über viele Jahre hinweg, bei Freunden mit Kindern, spielen musste. Bea meinte erst kürzlich, dass ich mittlerweile schon so aussehen würde wie einer. Ist schon fies von ihr. Nur weil meine Haare langsam grau werden und ich mir einen Bart habe stehen lassen. Sie verabscheut Bärte, aber ich werde ihn nicht abrasieren. Ich werde mich endlich mal durchsetzen. Im Übrigen habe ich vor einigen Tagen ihren Exfreund von der Uni gesehen. Der hat Vollglatze und sieht aus wie ein seniler Opa.

Dann schon lieber graue Haare.

Gestern meinte sie, wir (natürlich hatte sie nur mich dabei im Sinn) sollten uns bald um einen Weihnachtsbaum kümmern. Jetzt bekämen wir wenigstens einen schönen und preiswerten. So'n Quatsch. Bei den milden Temperaturen, wie wir sie im Augenblick haben, hat der Baum am 24. Dezember vielleicht noch zwei Nadeln dran. Da könnten wir gleich den vom letzten Jahr nehmen, der hätte auch nicht weniger Nadeln. Ich muss dabei an meinen Schwiegervater denken, der vor einigen Jahren den Christbaum am falschen Ende absägte und sich damit tierischen Ärger mit meiner Schwiegermutter Renate einheimste. Renate beschimpfte ihn mit all den Worten, die Ryan gerade im Kindergarten lernt. Das lag natürlich an der Jahreszeit oder, präziser gesagt, am Glühwein. Was machte der arme Mann? Er bohrte kleine Löcher in den Stamm und steckte Tannenzweige hinein. Ich fand, dass das eigentlich eine geniale Idee war und sogar ziemlich gut aussah. Das Problem war nur, dass sich nach einiger Zeit die Äste, mit den darauf brennenden Kerzen, vom Stamm lösten und zu Boden fielen. Den Fehler werde ich nicht machen, also schlug ich gestern einen künstlichen Baum vor. Seitdem sprechen Bea und Clara nicht mehr mit mir, und Ryan, der eigentlich zu mir halten sollte, fällt von einem hysterischen Lachanfall in den nächsten. Wie gesagt: Ich hasse Weihnachten!

Papa erklärt die Welt

Sie kennen vielleicht diesen treffenden Spruch: Junge mit fünf sagt: »Mein Papa weiß alles.« Junge mit fünfzehn sagt: »Mein Papa weiß nichts.« Und mit fünfzig dann: »Hätt' ich nur auf meinen Vater gehört.«

Das mag ein Trost für frustrierte Väter von Kindern im Teenageralter sein. Ich kann das nicht wirklich bestätigen. Mittlerweile habe ich großen Respekt vor den Fragen meines fünfjährigen Sohnes. Denn die intellektuellen Anforderungen, die so ein Dreikäsehoch stellt, sind oft genug von einer bemerkenswert komplizierten Art. Was will man schon antworten, wenn der Kleine, statt die Augen zuzumachen und sanft einzuschlummern, plötzlich wissen will: »Du, Papa, wohin geht das Licht eigentlich, wenn du es ausmachst?«

Wie macht sich da die Antwort: »Äh, ja tatsächlich, das ist ja dann weg. Darüber habe ich nie nachgedacht ...«? Nicht so toll – und sie zieht mit großer Wahrscheinlichkeit die Frage nach sich: »Papa, hast du das nicht in der Schule gelernt? Du warst doch in der Schule?«

Dazu muss ich erklären, dass jeder in meiner Familie glaubt, die Berufe in der Medienbranche wären auch von einem Voll-Honk ohne Schulbildung auszuüben. Eine Art

Idiotenzone für Minderqualifizierte und komplett Talentfreie.

Kinder haben tatsächlich eine besondere Fähigkeit, Fragen zu stellen, die sich leider nicht beantworten lassen. Zumindest nicht von mir. Ständig geht es um Naturphänomene oder um komplizierte zwischenmenschliche Angelegenheiten. Die ultimative Hammerfrage für alle Väter: »Du, Papa, warum hat eigentlich immer Mama recht, wenn ihr euch streitet?«

Erklären Sie doch mal einem Kind, dass uns Männern der Frieden wichtiger ist als das Rechthaben. Widersprich deiner Frau, und der Abend ist gelaufen. Endlose, fruchtlose Diskussionen ersetzen jede logische Überlegung. Dann doch lieber nachgeben und Auseinandersetzungen geschickt aus dem Weg gehen. Was mir übrigens leider selten gelingt.

Um es ein für alle Mal klar und deutlich zu sagen: Die Frau hat immer recht. Und wenn sie Kinder hat, dann sowieso.

Was nichts daran ändert, dass es dann trotzdem häufig ich bin, der den Kindern bei den Hausaufgaben helfen soll. Jedenfalls wenn es um Photosynthese, Trigonometrie oder Kohlenwasserstoffverbindungen geht. Alles Dinge, die ich schon zu Schulzeiten nicht mal ansatzweise verstanden habe. Aber es macht Mama einfach Spaß, wenn ich als Trottel dastehe.

Ich erinnere mich noch, dass ich nach vielen Jahren auf der Schulbank dachte, ich hätte es endlich hinter mir. Nie wieder Mathe! Nie wieder Chemie! Und dann kriegst du Kinder, und du musst die ganzen Hausaufgaben noch mal machen.

Natürlich haben wir's mit Nachhilfe probiert. Aber ich war zu doof dazu. Der Nachhilfelehrer hat kapituliert. »Wahrscheinlich sind Sie zu alt, Herr Richter«, hat er eines Tages gesagt. »Das geht irgendwie nicht mehr in Ihren Kopf. Wäre es nicht einfacher, wenn ich Ihre Kinder unterrichte?«

Der gute Mann hat recht, ich packe das nicht mehr. Wenn meine Tochter nach mir ruft, ich solle ihr bei den Mathehausaufgaben helfen oder bei der Vorbereitung auf die anstehende Physikschulaufgabe, scheide ich für etliche Stunden aus dem Leben auf diesem Planeten aus und begebe mich in ein Paralleluniversum aus Überforderung und Ohrensausen.

Und wenn sie mich am Tag darauf fragt: »Papa, kannst du mich mal abfragen?«, dann rasselt sie runter, was sie aus ihren siebenundvierzig Seiten Hefteinträgen in Algebra auswendig gelernt hat, und mein Zustand ähnelt binnen weniger Sekunden einem Wachkoma.

Ich bin schon erstaunt, was von unseren Kindern immer wieder verlangt wird. Sie lernen in der Schule zwar nicht, wie man ein Rührei zubereitet, aber sie können aus dem Handgelenk eine nobelpreisverdächtige Chemieformel zusammenschrauben. Sie haben keine Ahnung, wie oft man eine Topfpflanze gießt, aber sie können die Photosynthese bis ins kleinste Detail erklären.

Natürlich will man die lieben Kleinen auch nicht enttäuschen. Gerade Kinder im Kindergarten- und Grundschulalter halten ihre Väter noch für die Hüter der Weisheit. Keine Frage, die sie nicht stellen, kein Problem, mit dem sie nicht zu Papa kommen. Und zwar zu jeder Zeit an jedem Ort.

Paps will gerade unter die Dusche? Tochter: »Du, Papa, kannst du schnell meinen Fahrradreifen flicken? Ich muss in drei Minuten in der Schule sein.«

Paps steht in einer fernen Stadt am Flughafen? Sohn (heulend und schniefend am Telefon): »Du, Papa, ich finde meine roten Legosteine nicht mehr. Kannst du mal gucken, ob die bei euch unterm Bett liegen?«

Fragen, Bitten, Fragen. Alles soll man wissen, immer einen Plan haben. Wer nicht schon wahnsinnig ist, der wird es als Vater mit Sicherheit nach einiger Zeit werden, als Mutter vermutlich auch. Trotzdem: Es ist ein wunderbarer Wahnsinn. Wenn ich ehrlich bin, liebe ich es, gefragt zu sein. Denn wenn meine Tochter kommt, um sich von mir Dinge abfragen zu lassen, von denen ich keine Ahnung habe, dann bedeutet es doch, sie glaubt an mich. Und wenn mein Sohn davon ausgeht, dass ich ihm über Hunderte von Kilometern auf die Schnelle sagen kann, wo seine Legosteine sind (vor allem die roten!), dann hält er mich irgendwie doch für so was wie Superman.

Im Übrigen gibt es ja den kleinen Trost, dass die Quälgeister später vermutlich selbst mal Quälgeister haben werden, die ihnen ebenfalls Löcher in den Bauch fragen. Dann wird es auch für sie darauf ankommen, stets die richtige Antwort zu finden. Sie können es ja machen wie ich. Ich halte mich dann an meinen Lieblings-Cartoon-Helden, Hägar den Schrecklichen. Der hat auf die Frage seines Sohnes »Papa, wo kommen eigentlich die kleinen Babys her?« sehr richtig geantwortet: »Hauptsächlich aus China.«

Und ein befreundeter Vater meinte, als er die hundertste Frage seines Sohnes nicht beantworten konnte: »Frag nur weiter, mein Sohn, du sollst ja was lernen...«

**Tagebucheintrag: 24. April,
20:15 Uhr – Schlafzimmer**

Ich gebe zu, meine Kinder haben mein Leben positiv verändert. Ich denke inzwischen viel mehr über die Abläufe des Lebens nach. Zum Beispiel: Was passiert, wenn ich die Klospülung betätige? Wo geht das alles hin? Oder: Wenn ich mich anstelle – warum stehe ich immer in der falschen Schlange? Kürzlich habe ich Beate gefragt, ob sie denn wüsste, wo das Licht hingeht, wenn man es ausschaltet. Sie meinte nur, das sei eine blöde Frage und blöde Fragen würde sie grundsätzlich nicht beantworten.

Ich fand das eine gute Antwort und nehme mir vor, in Zukunft alles blöd zu finden, was ich nicht weiß. Besser, als wenn die Leute glauben, *ich* sei blöd.

Urlaub für die ganze Familie – Teil 1

Wenn ich zurückdenke, habe ich mir mein Leben lang eine große, glückliche Familie gewünscht. Groß geht ja, würde ich auch hinkriegen, aber glücklich? Ich kenne einige glückliche Familien, aber ich weiß auch, dass in den meisten sehr oft das große Chaos herrscht. Aber was weiß man schon vorher? Und mit *vorher* meine ich in einer Beziehung, *bevor* man Kinder hat. Nehmen wir doch einfach mal die Urlaubsplanung. Ist ja an und für sich schon in einer Partnerschaft relativ schwer. Sie will shoppen, er will Abenteuer.

Dann gibt es den Familienurlaub. Ein so harmonisches Wort, und doch so krisengefährdet.

Nichts ist wichtiger für ein gesundes Familienleben als ab und zu ein entspannter Urlaub. Die Seele baumeln lassen, den Alltag abstreifen, ganz füreinander da sein – dachte ich bisher.

Denn so einfach, wie man sich das vorgestellt hat, ist es nicht. Klar, die ersten Urlaube zu zweit, die sind unkompliziert: Ein schönes Ziel Last Minute aussuchen, ins Flugzeug springen, vor Ort rein in die Badeklamotten und in den Pool springen und dann raus aus den Badeklamotten und rein in die Kiste … Doch diese Phase der Partnerschaft geht leider oft schnell vorbei. Ich bin der festen

Überzeugung, dass Frauen (und vor allem meine Bea) ein angeborenes Luxus-Shopping-Konsum-Gen haben. Denn was nach einiger Zeit folgt, ist, dass die Ansprüche steigen. Natürlich hauptsächlich die der weiblichen Mitreisenden. Bei uns Männern ist das alles einfacher und simpler.

»Um nicht zu sagen: primitiver! Ihr habt einfach keine Qualitätsansprüche«, wirft Bea mir gerne vor.

Na ja, zugegeben. Mir reicht es, wenn das Bier kalt ist, das Schnitzel und die Pommes heiß sind und keiner mich in einer fremden Sprache anlabert.

Kaum hat Bea gehört, dass ihre beste Freundin in einem Fünfsternehotel in der Karibik ihren Urlaub verbringt, werden im Reisebüro nur noch Schickimicki-Hochglanzkataloge angefordert. So was wie früher, eine gemütliche, sternenlose Pension, mitten in Palma gelegen, ist nun plötzlich mega-out! Dabei war das so praktisch. Die Kneipen waren in der Nähe.

»Klar, und die laute Musik hat uns die ganze Nacht wach gehalten!«

»Dich. Mich nicht. Ich konnte prima schlafen.«

»Ja, weil du jeden Abend so besoffen warst, dass du bereits im Lokal eingeschlafen bist.«

»Ich weiß gar nicht, was du hast. Die Pension lag auch zum Shopping genau richtig. Nebenan gab es zum Beispiel einen Fischladen und auf der anderen Seite einen Gemüseladen – du stehst doch auf Vitamine.«

Aber was rede ich? Fisch oder Gemüse stehen auf der Shoppingliste unserer Frauen nicht ganz oben. Es müssen schon die teuren Läden sein. Wobei ich mich da korrigieren muss. Teuer heißt heutzutage auf Neudeutsch nicht mehr kostenintensiv, sondern »schick«, »trendy« oder schlicht »in«.

Aber flexibel, wie wir Männer nun mal sind, passen wir uns an. Ein Mehrsternehotel wird gebucht.

Bereits am ersten Tag teilt man mir diskret mit, dass Badelatschen im Speisesaal nicht geduldet werden. Zum Ausgleich guckt man in der Hotelhalle die Vitrinen des örtlichen Juweliers an (und zwar jeden Abend, obwohl seit Monaten nichts umdekoriert wurde). Nimmt aus Langeweile ein paar Golfstunden, auch wenn man nie vorhatte, jemals zu golfen. Dauert eh nicht lange, denn nach dem fünfzigsten Fehlschlag (der Rasen ist für diese Saison nicht mehr bespielbar) und den relativ lauten Kommentaren: »Verdammte Scheiße. Dieser verfickte Ball ist nicht zu treffen!« wird man höflich gebeten, sich doch lieber beim örtlichen Fußballverein anzumelden. Golf wäre wohl nicht das Richtige. Und wenn am Nachbartisch in der Bar tatsächlich mal einer einen schmutzigen Witz erzählt, dann steuert man keinen bei, sondern den Ausgang an. Irgendwann entdeckt man, dass die Qualität – oder nennen wir es doch den Erholungswert – des Urlaubs trotz des Mehrsternehotels deutlich nachgelassen hat. Ähnliches gilt auch für den Kontostand.

Und dann kommen die Kinder, die Familie wird größer und die Diskussionen hitziger.

Papa: »Wollen wir im Sommer wieder nach Sardinien?«

Tochter: »Paps, das ist sooo langweilig. Da sind nur alte Leute.«

Papa: »Stimmt doch gar nicht. Wir sind doch da!«

(Betretenes Schweigen – man hört förmlich das »Eben«.)

Mama: »Ich finde, Clara hat recht, Sardinien ist wirklich ein Rentnerparadies. Außerdem gibt's da kaum Shoppingmöglichkeiten. Wo wir immer sind, ist es so ländlich.«

Papa: »Okay, okay. Andere Vorschläge?«

Sohn: »Ich will nach Malle. Da gibt's Pfannkuchen!«

Mama: »Ryan, *bitte!* Die gibt's überall. Also, ich würde gerne ans Meer.«

Sohn: »Mama, Malle liegt am Meer, und da gibt's leckere Pfannkuchen!«

Papa: »Ja, Ryan, es ist gut. Was hältst du von Frankreich?«

Tochter: »Südfrankreich? O ja, bitte, bitte, bitte!«

Mama: »Südfrankreich wäre für mich in Ordnung. Nizza vielleicht ...«

Papa: »Dann können wir gleich wieder nach Sardinien fahren. Was ist mit Griechenland?«

Mama: »Die sind doch pleite. Bewegt sich da noch einer?«

Papa: »Oder doch Malle?«

Einige Sekunden Schweigen. Sohn strahlt, Tochter guckt Mama an, Mama guckt Papa an.

So geht das stunden- und tagelang. Ergebnis gleich null. Für unsere Familie müsste man ein Urlaubsziel erfinden, das alle Eigenschaften vereint: zauberhafte, ruhige Insel mit aufregendem Veranstaltungsprogramm aus den Bereichen Kultur, Sport, Unterhaltung. Party und Shoppen rund um die Uhr. Genießen Sie die absolute Stille. Genießen Sie aber auch unsere zweiunddreißig Freiluft-Discos, die bis fünf Uhr morgens fetzige Musik spielen. Lassen Sie sich verwöhnen von unseren Sterneköchen. Berge, Sonne, Strand, unvergleichliches Panorama, Altertümer, jeden Abend Konzerte, klassisch und Pop/Rock. Zwei Meter zum Strand, das Ganze mitten im Urwald, direkt am Broadway/Fifth Avenue. Fünf Nächte zum Preis von einer. Kinder, Getränke und alle Veranstaltungen gratis.

Tja, leider gibt's so was nicht. Also wird hinter den Kulissen gedealt. Mutter sagt zu Tochter: Du sagst, du willst shoppen gehen, und ich kaufe dir dafür was Schönes. Oder Mutter sagt zu Sohn: Wenn du mit mir gegen die Berge stimmst, erzähle ich Papa nicht, dass du schon wieder den Teppich bunt angemalt hast. Alternativ Papa zu Tochter: Nizza bedeutet, Taschengeld wird gestrichen, Malle bedeutet, es wird erhöht (kleine dramatische Pause) – such dir was aus, ich will dich nicht beeinflussen.

Das Resultat all der geheimen und zähen Verhandlungen sieht dann so aus: Wir fahren nach Rügen. Und das Praktische daran ist, dass wir das schlechte Wetter gleich mitnehmen können! Ja, und beim Packen muss man nicht lange überlegen. Die Kleidung bleibt wie gehabt. Dicke Pullover, Gummistiefel, Regenzeug etc. Mama findet aber auch daran etwas Gutes. Die Bikini-Diät kann dieses Jahr wieder ausfallen. Wer geht bei 14 Grad Außentemperatur schon schwimmen?

Aber so ganz sind die Urlaubsträume noch nicht ausgeträumt. Insgeheim wird weiter verhandelt.

»Und wenn wir auf Rügen keine Zimmer mehr kriegen?«

»Dann vielleicht doch in den Süden? Vielleicht nach Spanien an die Algarve?«

»Die Algarve, Schatz, liegt in Portugal.«

»Klugscheißer! Ich habe schon ein mögliches Hotel für uns gefunden.«

»Ach, und wie heißt das?«

»Das Park Regent d'Or Luxury Resort Mondial.«

»Kannst du das noch mal wiederholen?«

»Nein. Ich hab's dir aufgeschrieben. Hier.«

»Und was kostet da die Nacht pro Person?«

»Das willst du lieber nicht wissen.«

Auch so ein Problem: Urlaub mit der Familie ist praktisch unbezahlbar. Vor allem wenn Frauen mit dabei sind. Mit Söhnen kann man zelten fahren und ist voll im Trend. Keine Dusche, in den Wald pinkeln, Hauptsache, die Autobatterie hat genug Saft, um samstags im Radio Bundesliga zu hören.

Mit Frauen ist man ab vier Sternen abwärts ein schäbiger Loser. Da muss es schon was Exklusives sein. Ein Hotel, das nicht wenigstens »Resort« heißt und ein »Spa« im Namen trägt, ist kein Hotel, sondern eine Absteige.

Für die armen Männer, die argumentativ benachteiligt sind, deshalb hier mal ein paar Gründe:

Dagegen

Teneriffa: Da fahren alle hin.

Mallorca: Da erst recht.

Paris: Zu voll und die essen Frösche.

Rom: Zu voll und die essen Nudeln mit Cozze (das sind Muscheln, aber wer weiß das schon?).

London: Zu voll und man muss ständig anstehen.

Amerika: Viel zu weit und man wird überfallen.

Berlin: Zu voll und man wird beklaut.

Spanien: Die sprechen Spanisch und das versteht kein Schwein.

Italien: Zu voll und die sprechen Italienisch.

Griechenland: Die sprechen Griechisch und das versteht auch kein Schwein, außerdem sind die pleite.

Afrika: Der ganze Kontinent ist ein einziger Malariaherd, und verstehen tut man dort rein gar nichts.

Dafür

Gran Canaria: Man spricht deutsch. Es gibt Schnitzel, Bratwurst und Bier.

Mallorca: Man spricht deutsch. Es gibt Schnitzel, Bratwurst und gutes Bier.

Zu Hause: Man spricht deutsch. Es gibt Schnitzel, Bratwurst und gutes Bier. Außerdem geht die Fußball-EM bald los.

Rügen: Man spricht deutsch. Es gibt Schnitzel, Bratwurst und gutes Bier, aber es ist saukalt.

Urlaub für die ganze Familie – Teil 2

Der Sommer naht, das Urlaubsziel ist nach einer nicht unbedingt demokratischen Abstimmung gefunden: Rügen.

Eigentlich will niemand (damit meine ich vor allem mich) dorthin. Argumente gegen diese nördliche, stauträchtige, überfüllte Insel gibt es genug, aber der Rest der Familie hat entschieden, und ich mache gezwungenermaßen mit.

Sicher fragen Sie sich, wo der Sinn lag, dass wir, wie bereits beschrieben, tagelang über das zukünftige Urlaubsziel diskutiert haben. Keine Ahnung, aber so ist das in Familien, zumindest in meiner. Ein Beispiel? Gerne: Wir überlegen lange, wo wir denn mit den Kindern nett essen gehen könnten, enden dann aber doch bei McDoof, weil es da zum Start irgendeines Films irgendwelches nutzlose Plastikspielzeug gibt, das die Kinder unbedingt haben müssen. Resultat: Die Pommes bleiben liegen, das Spielzeug kommt mit, um schließlich weit verstreut im Auto rumzuliegen. Beim Service meines Wagens hat mich unlängst ein Mechaniker gefragt, ob ich denn meinen Müll nicht trennen würde. Der Mann hatte recht. Auf und unter den Hintersitzen lagen alte Bonbonpapiere, eben besagtes Plastikspielzeug, eine Unterhose von Ryan (was den Geruch der letzten Wochen erklärt), CDs meiner Frau und sonstiger Müll wie angebissene Eiswaffeln, Cheeseburger-Gewürzgurkenscheiben etc. Das meiste verschimmelt und fast versteinert. Eigentlich dürften sie so ein Auto gar nicht durch den TÜV lassen, vermutlich ist es extrem gesundheitsgefährdend.

Aber zurück zur Ferienplanung: Yuma, unsere weiße, nicht unbedingt stubenreine Hündin, und Ryan waren es eigentlich, die uns diese Urlaubsentscheidung abgenommen haben. Yuma muss natürlich mit, und Fliegen scheidet damit aus, denn Yuma ist der einzige Hund, den ich kenne, der unter akuter Blasenschwäche leidet. Dazu kommt, dass

Ryan darauf besteht, seinen riesigen giftgrünen Bagger (ca. 1,50 x 2m) mitzuschleppen. Diese Forderung setzt er gnadenlos durch, und nach zugegeben geringer Gegenwehr geben Beate und ich endlich nach. Ehrlich gesagt, wurde bei mir ein leichtes Nicken zu Unrecht als Zustimmung gewertet, wobei dies mit Sicherheit nicht Rügen gegolten hat.

Jetzt begreife ich endlich, warum es Deutschland seit Jahrzehnten nicht gelingt, einen ständigen Sitz im UN-Sicherheitsrat zu ergattern – wenn nicht einmal ein normaler Familienvater im Stande ist, sein Stimmrecht bei einer simplen Ferienplanung auszuüben. Wahrlich deprimierende Aussichten für die Weltpolitik.

Drei Tage vor unserer Abreise beginne ich, das Beladen unseres Autos zu planen. Die Erfahrung hat mich gelehrt, dass kein Wagen existiert, der all das Gepäck aufnehmen kann, das unbedingt mitkommen muss. Hätte ich einen Vierzigtonner, wäre auch der mit nutzlosen Dingen gefüllt. Und ich schwöre: Nächstes Mal vergeude ich nicht meine Zeit damit, das Einpacken zu planen – ich werde die Wochen vor der Abreise nutzen, um all das Zeug zu verstecken, das die anderen dringend meinen mitnehmen zu müssen. Vermutlich muss ich dafür einen Flugzeughangar anmieten. Aber das ist es mir wert.

Plötzlich stehen allein für Beate neun Paar Schuhe vor der Tür.

»Ich brauche diese Schuhe! Du nimmst ja auch deinen iPad mit.«

Frauenlogik, aber es wird noch besser und ist nicht unbedingt geschlechtsspezifisch. Ryan bringt nicht nur besagten Traktor mit, nein, es müssen alle Plastik-Dinos, dreiundzwanzig Stofftiere, das Zelt (ich bitte Sie, wir wohnen im Hotel!), sein Roller und das Fahrrad mit, obwohl er noch gar nicht Fahrrad fahren kann …

»Meine Güte, sei doch nicht so kleinlich. Wenn du meinst, das ist zu viel, nimm halt *du* nicht so viel mit. Auf Rügen braucht man nichts Großartiges.«

Was natürlich die neun Paar Schuhe erklärt. Aber meine Tochter Clara verblüfft mich zunächst. Sie will nur Lulla mitnehmen. Zur Erklärung: Lulla ist unser, oder besser: Claras chinesischer Zwerghamster.

Mir wird klar, dass ich jetzt knallhart reagieren muss, denn Lulla ist Elektro-Junkie. Was ich damit sagen will: Lulla knabbert jedes für sie erreichbare Elektrokabel an und hat in der Vergangenheit schon einige Hotels für Stunden lahmgelegt. Al-Qaida dürfte nie von der Existenz dieses Tiers erfahren: Wer diesen Hamster unter seiner Kontrolle hat, könnte damit das Pentagon ausschalten. Kein Strom, kein Computer, kein Licht und keine Heizung ging mehr, nachdem wir Lulla zehn Minuten unbeobachtet im Hotelzimmer ihrem Hobby haben nachgehen lassen. Ich versuche dies meiner Tochter klarzumachen, bin aber natürlich, wie Sie vielleicht schon vermutet haben, chancenlos. Knallhart funktioniert bei meiner Tochter einfach nicht. Zumindest nicht bei mir. Immer die gleiche Masche: Tränen steigen auf, und Clara beginnt zu schluchzen: »Wir können doch das arme kleine Tier hier nicht allein lassen! Lulla wird doch so ganz depressiv.« Dabei vergisst Clara natürlich, dass sie sich sowieso nie um Lulla kümmert. Außerdem frage ich mich, ob chinesische Zwerghamster überhaupt depressiv werden können. Am Ende verklagt mich Lulla noch beim Tierschutzverein.

Also gut, Lulla darf mit, aber sie wird die Reise im Käfig verbringen, diesen Kompromiss ringe ich meiner Tochter ab. Wohin aber mit zwei Kindern, zwei Erwachsenen, einem Hund, Hamsterkäfig, Gepäck und einem Bagger? Als ich resignierend mit den Schultern zucke und die Reise absagen will, fällt mir auf, dass es ganz still im Raum geworden ist. Alle sehen mich an, selbst der Zwerghamster lässt von seinem Elektrokabel ab, das wir ihm zum Spielen in seinen Käfig gelegt haben, und glotzt mich ebenfalls an. Schlagartig dämmert mir, woran meine liebe Familie in diesem Augenblick denkt. Sie haben einen Plan, und Sekunden später wird mir klar, was für einen. Ein zweiter Wagen muss her, um das ganze Gepäck zu bewältigen, und wem dieser zweite Wagen gehört, ahne ich. Panik steigt in mir auf: Renate!

»O nein, kommt überhaupt nicht in Frage! Nur über meine Leiche!«

Lächelnd meint Beate: »Aber ja, mein Schatz, denk daran, was für einen großen Wagen meine Eltern haben. Da passt alles rein. Du könntest sogar das Aufladekabel für deinen iPad mitnehmen.«

»Bitte, bitte, Papa«, tönt es von den Kindern, und es scheint mir, als könnte sich selbst Yuma ein Grinsen nicht verbeißen.

Zwei Tage später ist es dann so weit. Es hupt, es läutet, die Schwiegereltern sind da, und wir beginnen, beide Wagen zu beladen. Das heißt, unser Wagen wird mit Hund, Zwerghamster, Traktor und den anderen von den Schwiegereltern als unbedingt lebensnotwendig eingestuften

Gegenständen vollgepackt. Dazu gehören Butter, Marmelade, verdauungsförderndes Kleiebrot (dreißig Rollen Toilettenpapier), eine Hausapotheke, die für mindestens einen mehrmonatigen Ausflug nach Tibet gereicht hätte, und ein Feuerlöscher. Als ich zynisch meine Schwiegermutter frage, ob sie denn die Löschdecke und die Feuerwehrleiter vergessen hätte, zeigt sie mir nur den Vogel.

Für die Kinder ist nun kein Platz mehr, und meine Stimmung erreicht in dem Moment ihren Tiefpunkt, als Renate nur schnippisch meint: »Kein Wunder, dass ihr keinen Platz in eurer überdachten Zündkerze habt, die du Auto nennst. Was müsst ihr auch diesen fetten Hamster unbedingt mitschleppen? Und überhaupt, der Käfig: Habt ihr euch den beim Großen Russischen Staatszirkus ausgeliehen?«

Ich frage Sie: Haben Sie schon mal einen chinesischen Zwerghamster gesehen? Nein? Kein Wunder, der ist so klein, dass Sie ihn mit Sicherheit sogar übersehen würden, wenn er auf Ihrer Nase sitzt. Und den Käfig stopfen wir am Ende auch noch mit Zeug voll: mit allem, was kein Kabel hat und nicht mehr gebraucht wird. So ist wenigstens der Zwerghamster glücklich und zufrieden.

Aber das wirkliche Drama nimmt erst jetzt seinen Lauf, als Renate sich ans Steuer setzt und unsere Kinder auffordert, hinten im Wagen Platz zu nehmen. Ich bin ein verträglicher, geradezu sanftmütiger Mensch, aber die Liebe zu meinen Kindern bringt nun das berühmte Fass zum Überlaufen. Niemals würde ich – und Beate teilt in diesem Fall meine Meinung – unsere Kinder der tödlichen Gefahr aussetzen, mit Renate am Steuer nach Rügen zu fahren. Nicht einmal bis zur nächsten Ecke! Ich bin sicher, dass bei jedem schweren Unfall der letzten zwanzig Jahre auf Deutschlands Straßen meine Schwiegermutter irgendwie beteiligt gewesen sein muss. Zumindest mental. Wenn Sie plötzlich ungebremst gegen eine Mauer rauschen und nicht wissen, wieso. Wenn Sie unvermittelt Ihren Vordermann im Heck haben und sich fragen, wie das sein kann. Wenn Sie in den Straßengraben rutschen, ohne überhaupt losgefahren zu sein. Dann hat vermutlich meine Schwiegermutter in Niedersachsen gerade ans Autofahren gedacht und sich in Ihr ganz persönliches Schicksal eingemischt. Bei ihr führt die Kombination von Auto und Telepathie unmittelbar zu etwas ganz Neuem: Telepathologie.

Dass Renate einen Führerschein besitzt (den ich allerdings noch nie gesehen habe), kann nur daran liegen, dass sie die Prüfung in Usbekistan abgelegt hat. Ihr Fahrstil ist indiskutabel und für alle Mitmenschen lebensgefährdend. Niemals würde ich ihr meine Kinder anvertrauen. Aber das Schicksal meint es gut mit mir an diesem Tag, Beate schaltet sich rettend ein.

»Nein, Mama, lass mal, die Kinder kommen bei uns mit. Nehmt ihr doch Yuma!«

»Nee, der Hund stinkt«, mischt sich mein Schwiegervater ein. Aber dann geschieht etwas, was mich verblüfft: Renate gibt nach.

»Gut, dann fährt eben dein Vater.« Ich spüre, wie ganz Deutschland aufatmet. Das Unfallrisiko auf Deutschlands Straßen ist in dieser Sekunde beträchtlich gesunken, Versicherungsgesellschaften reiben sich erleichtert die Hände. In den Kirchen stimmen sie landauf, landab ein »Halleluja« an. Und mein Herzinfarktrisiko sinkt auf unter zwei Prozent.

Mittlerweile hat sich Lulla heimlich an die Verkabelung

unserer selbst eingebauten Stereoanlage gemacht – weiß der Himmel, wie sie da hingekommen ist – und kann nur in letzter Sekunde von Clara davon abgehalten werden, einen Zusammenbruch der gesamten Elektronik meines zugegeben etwas älteren Wagens auszulösen.

»Clara, wir hatten fest abgemacht, dass Lulla im Käfig mitreist!«

Wenig später geht es los, und ich gestehe, meine Vorfreude auf diesen Urlaub hält sich in Grenzen.

Es wird, wie meistens, eine denkwürdige Reise. Ich frage mich immer wieder, warum Kinder, und im Übrigen auch meine Frau, nicht zur gleichen Zeit zur Toilette gehen können. So zieht sich unsere Reise länger hin. Abwechselnd muss jeweils eines der Kinder, der Hund oder Beate aufs Klo. Glück im Unglück, wenn man es denn so nennen mag, ist, dass Yuma unbemerkt von uns bereits vor Antritt der Reise auf den Fahrersitz gepisst hat. Was wahrscheinlich auch der Grund ist, warum Beate darauf besteht, dass ich fahre.

Und wenn Sie glauben, dass das die einzigen »Zwischenstopps« sind, muss ich Sie enttäuschen. Kinder, zumindest unsere, haben auch nie zur gleichen Zeit Hunger. Und Tankstopps, die bei allen Normalfamilien auch zur Nahrungsaufnahme dienen, wirken bei unseren Kindern hungerunterdrückend. Nein, erst cirka fünf Minuten nach dem Tanken, wenn man wieder auf der Autobahn ist, bricht bei einem der Kinder der Hunger durch, der dann natürlich sofort gestillt werden muss.

Doch der kluge Paps baut vor: Natürlich habe ich mir schon vor der Abreise heimlich die Taschen mit Snickers und Mars vollgepackt und kann deshalb die hungrigen Mäuler vorübergehend stopfen.

»Das ist wieder mal typisch für dich! Aus lauter Bequemlichkeit lässt du die Kinder das ungesündeste Zeug futtern. Hauptsache, der Herr Familienvater kann sich ungestört seinem Geschwindigkeitsrausch hingeben.«

»Geschwindigkeitsrausch? Hast du vergessen, dass ich hinter deinem Vater herfahren muss? Das fühlt sich an, als wären wir im Rückwärtsgang unterwegs! Mich wundert, dass uns keine Menschen in Rollstühlen überholen. Ach ja, die dürfen ja nicht auf die Autobahn.«

Nach gefühlten zwölf Stunden, für 180 Kilometer Strecke, erreichen wir endlich unser Ziel. Die Pension direkt am Meer, ruhig gelegen, kinderfreundlich, reichhaltiges Frühstücksbüfett, angekündigt als Vier-Sterne-Wellnessoase, entpuppt sich als eine Kneipencharme ausstrahlende Bruchbude. Hätte diese Pension auch nur einen Stern besessen, wäre dieser wohl vom Kongolesischen Tourismusministerium verliehen worden. Auf dem voll belegten Parkplatz stehen drei Müllwagen, fünf Lastwagen (davon drei Viehtransporter) und zwei mittlerweile in die Jahre gekommene Pkw, die vermutlich die polnische Autoschiebermafia dort hinterlassen hat, weil man die Schrottmühlen nicht mal mehr in der Ukraine zu Geld machen konnte.

Beate verschlägt es zunächst vor Entsetzen die Sprache, aber nicht lange. »Hier werde ich keine Sekunde übernachten! Was hast du dir dabei gedacht, als du diese Bruchbude gebucht hast?« Merkwürdigerweise setzt das Kurzzeitgedächtnis meiner Frau immer dann aus, wenn es gilt, mir für irgendetwas die Schuld zu geben, für das ich nicht verantwortlich bin, das aber schiefläuft.

»Schatz, ich habe diese Pension nicht ausgesucht. Du hast mir die Mailadresse gegeben und mich gebeten, ich solle deine Buchung mit den Kreditkartendaten bestätigen«, verteidige ich mich. Sinnlos, denn wenn Frauen erst einmal in Fahrt kommen, gibt's, was Schuldzuweisungen angeht, kein Halten mehr. Aber wieder meint es das Schicksal gut mit mir, denn plötzlich trommelt jemand wütend gegen die Seitenscheibe unseres Wagens. Renate. Wild gestikulierend, mir den Vogel zeigend, bedeutet sie uns, wir sollen endlich das Fenster öffnen. Klar, der Schuldige kann nur ich sein, und ohne wirklich Atem zu holen, beginnt sie auch sofort mit ihren Schuldzuweisungen. »Wie konntest du nur? Was hast du dir dabei gedacht? Ich wusste es, Beate hätte dich nie heiraten sollen!« Den Rest erspare ich dem geneigten Leser. Nur so viel: Beate springt aus dem Wagen, und ihre gesamte Wut über die geplatzten Urlaubsträume ergießt sich über Renate.

Folgendes Szenario: Zwischen mehreren Last- und Müllwagen stehen zwei voll beladene Pkw, in denen zwei Kinder, zwei erwachsene Männer (nämlich mein Schwiegervater und ich), ein kleiner struppiger Westie und ein winziger Zwerghamster fasziniert der Auseinandersetzung zweier wütender Frauen lauschen. Gefühlsmäßig neutral, überlege ich, wie diese Auseinandersetzung ausgehen wird, denn zwei Dinge erfüllen mich bereits jetzt mit Glückshormonen: Wir werden wohl in den nächsten zehn Minuten den Heimweg antreten, und Renate wird zumindest für die kommenden drei Monate unserer Familie fernbleiben. Allein dafür haben sich der Stress und diese Reise gelohnt. Ende gut – alles gut!

Tagebucheintrag: 14. Juli, 14:30 Uhr – Wohnzimmer

Ich hatte vergessen, wie es sich anfühlt, morgens erst um zehn Uhr aufzustehen! Im Bett mit den Kindern frühstücken und Zeitung lesen. Das ist Urlaub zu Hause. Herrlich! Und man spart tierisch Geld …

Gestern habe ich es endlich geschafft, Ryan das Fahrradfahren beizubringen. Um ehrlich zu sein, so ganz hat es nicht geklappt. Er scheint von jedem Lichtmast oder Hindernis auf der Straße magisch angezogen zu werden. Und das bedeutete, dass ich die ganze Strecke neben ihm herlaufen musste. Eine ganze Zeit ging das gut, bis ich dann selbst gegen einen Laternenmast gedonnert bin. Klar, ich hatte mich auf meinen Sohn konzentriert und leider nicht auf die Straße. Danach meinte Ryan, es wäre wohl besser, wenn ich seinen Helm tragen würde …

Meine Familie findet das unerhört lustig und mag sich vor Lachen gar nicht mehr beruhigen. Besonders mein blaues Auge gefällt Beate. Sie meint, das sehe männlich aus. Ich glaube, sie verarscht mich. Wogegen Ryan eher meine Beule auf der Stirn unterhaltsam findet. Was mich betrifft, so habe ich erst einmal genug vom Fahrradfahren (oder Nebenherlaufen).

Der Alltag hat uns wieder

Montagmorgen, 6:45 Uhr, nachtschlafende Zeit. Zuerst schleppen sich die Eltern aus dem Bett. Die Kinder müssen in die Schule und in den Kindergarten.

Ich wanke in die Küche und taste mich zur Kaffeemaschine vor. Warum eigentlich beginnt hierzulande die Schule schon um acht Uhr? Gefühlte acht Monate lang ist es im Norden um diese Zeit noch tiefste Nacht, und Nachtarbeit ist meines Wissens für Kinder verboten.

Ich stehe in der Küche und kämpfe mit dem Schlaf. Nicht einmal unser Hund rührt sich. Als ich mich über sein Körbchen beuge, um den Toaster aus dem Regal zu holen, knurrt er mich wütend an, und das mit geschlossenen Augen.

Nach dem vierten Weck-Anlauf haben Beate und ich unsere Kinder endlich im Bad. Am Frühstückstisch das große Gähnen. Bea reagiert ja oft eher genervt, wenn keiner den Mund aufkriegt. Ich kann das verstehen. Meine kommunikativen Fähigkeiten sind vor acht Uhr eher mit denen eines Kaninchens zu vergleichen. Der Umzug nach Hamburg war in dieser Hinsicht ein echter Gewinn. Seither sieht unser morgendliches Gespräch ganz korrekt wie folgt aus:

»Moin.«

Schweigen.

»Moin, moin.« Lautes Gähnen. Der Hund hat sein Bett noch immer nicht verlassen.

Dem ist nichts hinzuzufügen. Alles gesagt. Der Stress ist ohnehin heftig genug. Denn es ist ja nicht nur so, dass Sie morgens aus den Kindern nichts rauskriegen. Schlimmer ist, dass Sie auch nichts reinkriegen. Kein Frühstück. Jedenfalls keines, das den Namen verdient. Wenn's nach dem Nachwuchs ginge, dürfte es immerfort eine Mischung aus »Poppy Super-Dupers« und »Mr Thunders Kick Beanies« sein, sprich: irgendwelches obskures Fertigzeug aus der Tüte, von dem man nicht wirklich weiß, was es eigentlich ist – und wenn man ehrlich ist, will man es auch lieber gar nicht wissen. Hauptsache, die Packung enthält Klebebilder, mit denen anschließend die Kinder den Kühlschrank zukleistern können.

Selbst Cornflakes, Traum unserer Kindheit, sind inzwischen mega-out. So was isst man nur, wenn gar nichts anderes mehr im Haus ist. Dafür, dass etwas da ist, sorgen die lieben Kleinen aber bei jedem Einkauf, bei dem sie dabei sind. Da wird gequengelt und genervt, bis Mami endlich den Monster-Vorratspack im Wagen verstaut hat. Von Monstervorrat kann trotzdem keine Rede sein. Das Zeug ist so schnell weggefuttert, dass es einem vorkommt, als hätte es selbstauflösende Substanzen in der Rezeptur.

Die Kinder essen also entweder gar nichts zum Frühstück oder schaufeln ungesundes Fertigfutter in sich hinein. Wenn wir unserem Erziehungsauftrag konsequent nachkommen, dann würgen sie noch eine Banane runter, als wär's ein Riegel Hartgummi oder reines Gift. Immerhin bestehen sie noch nicht darauf, die Milch mit stark gezuckertem Schokopulver zu dopen, bis das letzte Vitamin daraus entwertet ist. Aber vielleicht liegt das auch bloß daran, dass sie sich zu so viel Reden um diese Zeit noch nicht aufschwingen können.

Wir schubsen sie also nach einem Frühstück, das eher einem Ringkampf gleicht, wieder ins Badezimmer, damit sie sich die Zähne putzen. Was sie in den nächsten fünfundzwanzig Minuten dort machen, kann ich nicht sagen. Zähneputzen ist es jedenfalls nicht. Denn wenn sie irgendwann, kurz bevor wir eine Vermisstenanzeige aufgeben, endlich wieder rauskommen, ist zwar Mamis Shampooflasche leer und meine Tube Haargel auch – die Zahnbürsten aber sind trocken, als hätten sie im Windkanal gelegen.

Inzwischen hat es in der Schule schon gegongt, und die Kindergärtnerin greift gerade zum Schlüssel, um die Tür ab- und uns auszusperren. Papa sitzt seit Ewigkeiten bei laufendem Motor hinter dem Steuer, Mami hetzt hysterisch die Treppen rauf und wieder runter, um die Kinder endlich zum Eingang zu scheuchen. »Schultasche? Ups, hab ich vergessen.« – »Gepackt? Wieso gepackt? Klar hab ich gepackt. Glaub ich.« – »Echt? Du hast mir ein Pausenbrot gemacht?«

Bea macht jeden Tag Pausenbrote. Sie haben es bisher nur noch nicht gemerkt. Vor allem haben sie noch nicht kapiert, dass es in der Schule nicht auftaucht, wenn man's zu Hause nicht einpackt. Entweder denken sie, dass Pausenbrote in der Schultasche entstehen, oder sie halten es für ein Wunder, dass sie plötzlich da sind. Falls es mal eine Schultasche mit eingebautem Pausenbrotgenerator geben sollte, wäre ich der erste Käufer. Bis dahin wäre ich schon dankbar, wenn die Kinder es selbst einstecken würden. Es liegt ja schließlich vor ihrer Nase, wenn sie an der Garderobe in die Schuhe schlüpfen.

Wenn! Auch schon da gewesen: Sie laufen einfach so aus dem Haus. Ohne Schuhe.

Kurz darauf rase ich mit hundert Sachen durch Hamburg (mittlerweile weiß ich, wo die Blitzer stehen), um dem Absperren des Kindergartens zuvorzukommen. Und Clara noch eben schnell in den Klassenraum zu schubsen, ehe die Lehrerin kommt und ihr schon wieder einen Verweis gibt.

Letztlich ist in der Familie alles eine Frage der Organisation. Jetzt heißt es, schnell die eigenen Dinge erledigen. Denn um 9.30 Uhr muss man bekanntlich schon wieder damit rechnen, dass der Kindergarten anruft und fragt, wieso Ryan eigentlich keine Badehose dabei hat, heute war doch Planschen angesagt. Das Einzige, was jetzt planscht, sind seine Tränen. Also wieder rein in die Kiste und einmal quer durch die Stadt hetzen, um die Badehose zu bringen. Natürlich die falsche (»Ich wollte aber die mit den Seepferdchen drauf!!!«), was noch einmal eine schwere Krise zur Folge hat. Zwanzig Minuten später ist auch diese Krise befriedet, und es geht wieder zurück nach Hause – beziehungsweise fast nach Hause. Denn kurz bevor man in die eigene Straße einbiegt, klingelt das Handy: »Du, Clara will sich befreien lassen, ihr ist schlecht. Kannst du sie abholen?« Blick zur Uhr. Halb elf. Eigentlich hätte ich jetzt einen wichtigen beruflichen Termin. »Bitte, Schatz, ich muss ins Nagelstudio!« Da bleibt mir nur noch stumme Resignation, und ich nicke. Eine richtige Ehefrau kriegt auch das intuitiv mit. »Danke, du bist ein Schatz!«

Es war dann doch ein Versehen im Sekretariat. Gemeint war Clara Friedebold-Bröger. Die Sekretärin hatte nur aus Versehen bei uns angerufen. Wozu gibt man seinen Kindern eigentlich ausgefallene Namen? Also wieder zurück. Kurz bevor ich in die eigene Straße einbiege, klingelt das Handy. Absolutes Déjà vu: »Sag mal, hast du Clara nicht abgeholt? Die wollte sich doch befreien lassen!«

»Das war ein Versehen, Schatz. Die haben da noch eine Clara. Irre, was?«

»Na klar. Die Clara Friedebold-Bröger, das weiß ich doch.«

Meine Frau kann sich Dinge merken, die ich nicht mal wahrnehme. Zum Beispiel die Namen fremder Kinder. Sogar mit Nachnamen! Ich sitze ja immer bei den Elternabenden und frage mich ständig, welche Mama zu welchem Kind gehört – oder welcher Papa.

Keine zwei Minuten später also, der Wagen glüht in der Garage aus, läutet das Telefon erneut. Clara ist dran, Rotz und Wasser. »Wieso holst du mich nicht, Papa?«

Mag ja sein, dass es nicht irre ist, dass es zwei Claras in einer Schule gibt. Aber dass sich beide zur gleichen Zeit befreien lassen müssen, weil ihnen schlecht ist, ist schon ein Ding. Einmal mehr werfe ich mich ins Auto und zische mit

Warp-Antrieb durch Hamburg. Als ich mit quietschenden Reifen vor der Schule halte, steht meine Tochter schon da und sieht mich mit vorwurfsvollem Blick an. Daneben ein Mädchen, das ich nicht kenne, das den beleidigten Augenaufschlag aber genauso drauf hat. Von der entgegengesetzten Seite rast ein anderer Wagen auf uns zu, bremst wie Sebastian Vettel beim Boxenstopp. Heraus springt ein Mann in mittleren Jahren, der aussieht, als hätte er unter der Brücke geschlafen. »Clara!«, ruft er und läuft auf die Mädchen zu. Ich will schon einschreiten, da geht mir ein Licht auf, dass das andere Mädchen die andere Clara ist. »Guten Tag, Herr Richter«, sagt er atemlos, als er an mir vorbeihechtet. »Guten Tag, Herr, äh ...«, sage ich. »Dings-Bröger«, nuschle ich dann und nehme meine Tochter an die Hand. »Komm, Schnuffi.« Ich lege ihr den Arm um die Schulter und schiebe sie zu meinem Wagen. Sie schüttelt meine Hand ab und wirft sich schmollend auf den Rücksitz.

»Was ist denn los, Mäuschen?«, frage ich, als ich mich wieder hinters Steuer geklemmt habe. »Wie geht es dir?«

»Scheiße«, sagt sie.

»Aber Clara«, erziehe ich. »Das sagt man nicht.«

»Weißt du, was man nicht sagt? Nenn mich nicht Schnuffi, wenn andere dabei sind.«

»Oh, entschuldige.« Schon klar. Kinder. Es war ihr peinlich. Ich muss ein Grinsen unterdrücken.

»Ja, ja, amüsier dich nur«, faucht sie, und ich frage mich, ob sie sich den Spruch von meiner Frau abgehorcht hat. »Ab morgen werden mich in der Schule alle Schnuffi nennen. Das ist megapeinlich! Und du bist schuld!«

So geht das weiter, bis wir zu Hause sind. Dass ihr schlecht ist, hat sie längst vergessen, als sie die Kinderzimmertür hinter sich zuknallt und ihren Computer hochfährt, um irgendwelche sinnfreien Spiele zu spielen oder sich gleich mal auf Facebook einzuloggen. Ich habe inzwischen meinen zweiten Telefontermin auch verpasst.

Tagebucheintrag: 28. August, 21:50 Uhr – im Auto

In den letzten sechs Wochen wurde ich viermal geblitzt. Da waren einige heftige Tempoüberschreitungen und zwei rote Ampeln dabei. Ich frage mich, warum es so verdammt lange dauert, bis die Behörden *endlich* meinen Führerschein einziehen. Die sind doch sonst mit ihren Mahnbescheiden so schnell! Ich brauche keinen Führerschein im Augenblick. Ich mag erst wieder fahren, wenn meine Kinder selbst den Schein haben. Bus oder Zug zu fahren ist doch viel angenehmer und stressfreier. Man kann die Augen schließen und kurz wegnicken, man kann in Ruhe lesen, ungestört Musik hören, aber nein, der verdammte Einschreibbrief vom Gericht kommt und kommt nicht. Ich bin so müde …

Kinder können zaubern

Können Sie sich noch an Pan Tau erinnern? Den Mann im schwarzen Anzug mit der Melone? Als Kind habe ich immer davon geträumt, so wie Pan Tau zu sein. Ich wollte auch zaubern können und die Fähigkeit besitzen, unsichtbar zu werden. Ich glaube, das ist der Wunschtraum eines jeden Kindes.

Ich versuchte, Pan Tau nachzuahmen, trug schwarze Klamotten und den alten Hut meines Vaters, aber meine Freunde haben mich immer ausgelacht. Ich kannte nur einen einzigen Zaubertrick, der mir aber nie wirklich gelang.

Auch die Fähigkeit, unsichtbar zu werden, klappte natürlich nicht. Einige Jahre später wurde mir klar, dass ich einer Illusion hinterhergejagt war. Lächerlich! Unsichtbar werden, wie naiv war ich nur gewesen. Viel später, als ich dann Kinder hatte, lehrte mich das Leben, dass auch das Undenkbare möglich ist.

Meine Kinder können beide zaubern. Mehr noch, sie können sogar unsichtbar werden.

Ein Beispiel? Gerne. Gestern drohten wir unseren Kindern mit der Höchststrafe (kein Nintendo – kein Fernsehen) für den Fall, dass ihre Zimmer bis mittags nicht in einem akzeptablen Ordnungszustand sein würden.

Was für ein herrlicher Sonntagvormittag stand uns bevor! Beide Kinder beschäftigt in ihren Zimmern und wir, die Eltern, in ruhiger Atmosphäre mit der Sonntagszeitung und einem leckeren Kaffee noch im Bett.

Ich gebe allen Eltern den dringenden Rat: Lassen Sie es ruhig zu, dass Ihre Kinder die ganze Woche lang ihre Zimmer vermüllen, und regen Sie sich bis Sonntag nicht über das Chaos auf – es wäre sowieso sinnlos. Aber dann nutzen Sie Ihr Recht auf Erziehung und stellen Sie knallharte Forderungen. So sichern Sie sich einige Stunden Harmonie und Ruhe. Beate und ich handhaben das schon seit einigen Jahren so, und es ist zu einer schönen Gewohnheit geworden.

Nun aber zurück zur Zauberei. Es dauerte ganze vier Monate, in denen wir tatsächlich glaubten, es wäre ein Wunder geschehen und unsere Kinder hätten ihre Zimmer tatsächlich aufgeräumt. Bis eines Tages Beate Bügelwäsche in den Schrank von Clara räumen wollte. Ich breite den Mantel des Vergessens über dieses Ereignis. Nur so viel: Sie öffnete die Schranktür, und schmutzige Wäsche, Papiere, Spielzeug, alte Verpackungen und sogar altes Essbesteck ergossen sich über sie. Erstaunlich ist, mit welcher übermenschlichen Kraft es Clara gelungen war, nahezu ihr gesamtes Zimmer in einem relativ kleinen Schrank unterzubringen. Das muss Zauberei sein!

Noch heute fragen wir uns auch, wie es unserem Sohnemann gelungen ist, selbst seinen großen giftgrünen Traktor in seinen Schrank zu stopfen. Auch das ist Zauberei.

Aber unsere Kinder können noch mehr. Sie können sich

auch unsichtbar machen. Wenn Sie mir nicht glauben, probieren Sie es selbst einmal mit Ihren Kindern aus.

Stellen Sie sich zum Beispiel in die Diele und rufen laut: »Ich muss den Keller aufräumen. Kommt jemand und hilft mir dabei?«

Ich garantiere Ihnen: Ihre Kinder sind, bevor Sie den Satz beendet haben, unsichtbar geworden …

Pan Tau lässt grüßen.

Tagebucheintrag: 4. September, 11:30 Uhr – Küche

Der Brief von der Behörde ist da! Die wollen meinen Führerschein für drei Monate! Yeah!! Leider wollen sie zusätzlich 470 Euro Bußgeld. Das finde ich ein bisschen übertrieben und mittlerweile überflüssig. Bea hat von ihren Eltern einen Mini geschenkt bekommen, und seitdem düst sie ständig mit Clara durch die Gegend, und ich kann zu Hause in Ruhe entspannen. Jetzt wäre es doch besser, wenn ich meinen Schein noch hätte, denn nur zu Hause rumhängen ist auch öde.

Aufklärung

Misstrauen macht sich in unserer Familie breit. Ich spüre es deutlich.

Ein Hauch von DDR weht durch die Räume.

Jeder Blick, den ich Beate zuwerfe, jede Berührung wird durch meine frühpubertierende Tochter Clara misstrauisch beäugt. Auf meine Frage, was denn los sei, immer die gleiche Antwort: »Wieso? Kann ich nicht einfach gucken, ohne dass du ständig an mir rummeckerst?«

Ich rekapituliere. Meine Frage lautete: »Clara-Maus, was ist denn los? Bedrückt dich etwas?«, aber Logik spielt in unserer Familie, präzise gesagt: im weiblichen Teil unserer Familie, nur eine untergeordnete Rolle. Sofort fühlt sich Beate ebenfalls angegriffen und solidarisiert sich sekundenschnell mit Clara. Frauen gehen nicht nur immer gemeinsam aufs Klo, nein, sie halten zusammen, was auch kommen mag.

»Mein Gott, lass doch das arme Kind in Ruhe! Immer mischst du dich in alles ein!« Hilfesuchend geht mein Blick zu Ryan, immerhin ein Geschlechtsgenosse und Familienmitglied, aber der ist momentan mit anderen Dingen beschäftigt. Er popelt in der Nase, und das mit einer Hingabe, die ihresgleichen sucht. Resigniert räume ich die Stellung.

Am nächsten Morgen am Frühstückstisch lässt Clara die Bombe platzen. »Macht ihr beiden auch diese ekligen Sachen?«

Ratlos blicke ich Bea an, die mir vage zulächelt. Frauen sind hellsichtig und leben ihre Vermutungen und Instinkte aus. Männer brauchen harte Fakten und denken trotzdem zumeist am Thema vorbei. Kurz gesagt: Ich verstehe nur Bahnhof.

»Eklige Sachen? Wovon sprichst du?«

»Deine Tochter spricht davon, dass sie seit einer Woche Sexualkundeunterricht hat.«

»Na und?« Ein wenig verunsichert blicke ich meine Tochter an, ärgere mich aber im selben Moment darüber, dass gerade ich einen roten Kopf bekomme. Das mag auch an dem mitleidigen Blick liegen, den mir Beate zuwirft. Ich gebe zu, meine Schamgrenze liegt für mein Alter ein wenig hoch. Ich versuche Selbstsicherheit auszustrahlen, aber ohne Erfolg, als ich die nächste Frage meiner zehnjährigen Tochter höre.

»Dann habt ihr es also echt schon zwei Mal gemacht? Widerlich! Eklig! Am liebsten würde ich zu Oma und Opa ziehen.« Sie springt auf und rennt aus dem Zimmer.

»Wieso zwei Mal? Wovon spricht sie?«, frage ich Beate.

»Ob ihr gesexelt habt, will sie wissen«, mischt sich mein fünfjähriger Sohn ein. Sprachlos sehen Bea und ich Ryan an. »Ach ja, ihr nennt das gevogelt«, meint er grinsend. Wieder begreift Beate schneller als ich und zischt mir ein »NEIN!« zu. Sie ahnt, dass ich in alter Gewohnheit Ryan verbessern will. »Du wirst ihm jetzt nicht das richtige Wort sagen«, flüstert sie mir zu. »Ryan, geh doch mal nach Clara sehen. Vielleicht könnt ihr auch mal mit dem Hund spazieren gehen.«

Das Schicksal meint es gut mit uns; Ryan verlässt den Raum, ohne weitere Fragen zu stellen.

»Ich fasse es nicht. War das gerade mein fünfjähriger Sohn? Und was meinte Clara mit: Wir hätten zwei Mal eklige Sachen gemacht?«

»Weil wir zwei Kinder haben, Dummi«, grinst mich Bea an.

»Dann kannst du sie ja gleich beruhigen. Seit ihrer Geburt findet alles ›Eklige‹ nur noch höchst selten und unter äußerst schwierigen Bedingungen statt.«

Geburtstage – ein Fest für die ganze Familie

Ich liebe Kindergeburtstage. Vor allem die, bei denen ich nicht dabei sein muss. Leider lässt sich meine Beate kaum mehr von meinen Ausreden täuschen.

»Ach, Schatz, leider muss ich an Ryans Geburtstag nach …« Und schon trifft mich ihr bohrender Blick.

Eigentlich wollte ich ja eine Geschäftsreise vortäuschen, aber die Hoffnung stirbt zuletzt. »Leider muss ich an Ryans Geburtstag ein bisschen später kommen. Der Geschäftstermin dauert so bis gegen 20.30 Uhr.« Ich weiß, dass Ryan um halb acht ins Bett muss, und mit überzeugenden Ausreden war ich schon immer gut dabei, aber das Schicksal holt mich schnell ein.

»Sein Geburtstag fällt dieses Jahr auf einen Sonntag, und da hast du keine Geschäftstermine!«

»Oh ...«, stammle ich und trete den Rückzug an. »Ryan, dann können wir ja gemeinsam was Schönes spielen. Schach oder Sudoku, und brauchen auch nicht all deine Freunde einzuladen. Die ärgern dich doch nur.«

Die Augen meines Sohnes füllen sich mit Tränen der Enttäuschung, und der Blick meiner Frau sagt alles. Mühsam bringe ich noch ein »War ja nur ein Scherz, Ryan, wir machen 'ne richtig heiße Party mit allem Drum und Dran« heraus.

»Au ja, Papa! Der Leo hat auch so einen tollen Geburtstag gefeiert.«

»Was hat er denn gemacht, der Leo?«

»Er ist mit allen seinen Freunden ins Lego-Land gefahren. Und dort haben sie Eis gegessen und durften überall fahren, wo sie wollten. Das will ich auch machen!«

»Legoland? Aber das ist 700 Kilometer von hier weg, Ryan.«

»Dann fahren wir eben mit dem Auto. Der Leo ist auch mit dem Auto gefahren. Die haben ein ganz tolles Wohnmobil. Au ja, wir könnten doch mit einem Wohnmobil ins Lego-Land fahren. Ja, Papa?«

»Aber Ryan, wir haben doch gar kein Wohnmobil.«

Nachdem die Heul- und Schreiattacke abgeflaut ist, stellt sich heraus, dass Leos Großeltern in Günzburg leben und er nur den Nachbarsjungen mitgenommen hat. Von Günzburg ist das Lego-Land nur ein paar Kilometer entfernt. Aber bringen Sie einem Fünfjährigen mal den Unterschied zwischen Günzburg und Hamburg bei.

Immerhin, ich kann den Jungen zu einem Kinobesuch

überreden. Er darf auch seine Freunde mitnehmen. Man darf nämlich immer so viele Freunde einladen, wie man Jahre alt wird, habe ich mal gehört. Idiotischer Gedanke. Stellen Sie sich vor, Jopie Heesters wäre an seinem Geburtstag mit einhundertacht Freunden aufgeschlagen, das Kino wäre voll gewesen!

Kino, das klingt eigentlich ganz entspannt. Ist es aber nicht. Denn zuerst muss man sich mal auf einen Film einigen. Man möchte meinen, dass das mit einem Fünfjährigen nicht allzu schwierig ist. Aber erklären Sie mal einem Dreikäsehoch, warum gewisse Filme erst ab, sagen wir mal, sechzehn Jahren »freigegeben« sind. Von denen ab achtzehn will ich ja gar nicht sprechen. Ich war, ehrlich gesagt, auch überrascht, dass »Das Kettensägen-Massaker« für meinen Sohn so interessant klang. Oder »Graf Orgas muss mal wieder«.

Nach tagelangen Diskussionen schließlich die Einigung: Wir gehen in den neuen »Otto«-Film. Und er darf fünf Freunde mitnehmen. Und seine beiden Cousins. Clever, wie er ist, hat er die beiden Cousins nicht als »Freunde« bezeichnet. »Ich kann doch nicht einfach meine Cousins nicht mitnehmen. Die gehören schließlich zur Familie.« Schon erstaunlich, was Fünfjährige so draufhaben, wenn's drauf ankommt.

Also: VW-Bus von den Nachbarn geborgt und dann mit einer Horde Wildgewordener zu Ottos neuem Machwerk. Geht natürlich nicht ohne eine Tonne Popcorn, wobei es höchstens drei Tüten bis ins Kino schaffen. Der Rest landet auf dem Teppich. Als Getränk wird einstimmig Cola gewünscht.

»Cola? Ihr seid doch noch nicht mal in der Schule.«

»Aber ich darf zu Hause immer Cola trinken!«

»Wenn der Tobi Cola bekommt, will ich auch Cola haben.«

»Hey, das ist unfair. Wenn, dann muss es Cola für alle geben.«

»Ich glaube, dass Tobi heute ganz gut auch mal ohne Cola ...«

»Uuuuuuhuhuhu ...«

»Schon gut. Cola für alle.«

»Jaaaaaaaaaa!!!«

»Dein Papa ist wirklich endgeil, Ryan.«

Finden die anderen Eltern später übrigens nicht.

»Was, Sie haben den Kindern Cola zu trinken gegeben?«

»Nicht direkt Cola. Das heißt, doch, Cola war es schon, aber zu trinken geben wollte ich es eigentlich nicht. Sie haben mich ... erpresst«, versuche ich kleinlaut zu erklären. Aber erklären Sie so einer militanten Veganer-Mama mal, dass ihr süßer Kleiner die reinste Bestie ist, wenn man ihn erst einmal von der Leine gelassen hat.

Im Kino scheint es einen Mechanismus zu geben, der dazu führt, dass in dem Maße, in dem das Licht runtergeht, die Lautstärke hochgeht. Und damit meine ich nicht den Ton aus den Lautsprechern, sondern den aus den Kindern. Zeitweise war ich nicht sicher, ob Ottos neuer Film nicht ein Stummfilm ist, weil man so gar nichts außer Kindergeschrei gehört hat. Aber dann wurde es irgendwann doch still. Das war ausgerechnet, als ein paar richtige Zoten auf der Leinwand gerissen wurden.

»Du, Onkel Benni, was meint der mit ›in der Hose jodelt's‹?«

»Ach, das ist nur so eine Redensart. Damit meint er, dass seine Hose singen kann.«

»Echt? Kannst du es auch in deiner Hose jodeln lassen?«

Überspringen wir das, und widmen wir uns den weitaus zivilisierteren Zu-Hause-Kindergeburtstagen, die wir natürlich auch immer mal wieder feiern. Schöne Sache: Beate backt einen kleinen Kuchen, den wir noch spät am Abend liebevoll mit Smarties und anderem Zuckerzeug verzieren. Dann noch die Deko: Luftschlangen, Luftballons und der ganze Zirkus eben. Wunderbar. Und am nächsten Morgen: leuchtende Kinderaugen. Leuchtend? Ich fürchte, sie sind feucht. »Habt ihr etwa meine Luftballons alle aufgepustet?«

»Wir haben das Haus für dich schön geschmückt, Clara. Weil du doch Geburtstag hast. Um dir eine Freude zu machen.«

Nach Freude sieht sie allerdings nicht aus. »Aber ich wollte die Luftballons doch selber aufpusten. Außerdem sind Luftballons was für Babys!«

Wenigstens haben wir uns bei den Geschenken nicht lumpen lassen. Alles, was auf ihrer Wunschliste stand, findet sich auf dem Gabentisch. Wenn auch in den falschen Farben. Und in den falschen Ausgaben. Und zu klein. Oder zu groß. Und total blöd eingepackt, oder ihr Geschmack hatte sich in den letzten dreißig Minuten geändert. »O Gott, Papa, das ist doch mega-out und spießig!«

Auch Clara ist clever. Sie hat sieben Freundinnen eingeladen, aber kein Nachbarskind. Natürlich konnte Beate nicht anders, als die vier Mädels, mit denen unsere Tochter sonst immer spielt, auch noch mit einzuladen. Und so haben wir plötzlich zwölf Kinder im Haus, mit unserem Sohn sind es dreizehn. Und einen viel zu kleinen Kuchen.

Ich springe also ins Auto und eile zur nächsten Bäckerei. Geschlossen: Sonntagnachmittag. Nicht anders bei der nächsten Bäckerei. Also zur Tanke und einen Fertigkuchen gekauft.

»Sie haben meinem Kind einen Fertigkuchen gegeben?«

»War aber echt lecker, Frau Schneider.«

»Na, danke! Und haben Sie nicht gesehen, dass da immer draufsteht: ›Kann Spuren von Nüssen enthalten‹?«

»O Gott, hat Ihre Tochter etwa eine Allergie gegen Nüsse?«

»Gott sei Dank nicht! Aber das wissen Sie ja nicht. Stellen Sie sich mal vor, sie hätte eine. Also, ich finde das wirklich verantwortungslos von Ihnen.«

Ich frage mich, warum diese Art von Stänkereien immer ich abbekomme. Beate steht da irgendwie nie in der Schusslinie. Es muss etwas mit der weiblichen Intuition zu tun haben: Frauen merken automatisch, wenn etwas aus dem Ruder läuft. Und dann schicken sie lieber mal ihren Mann vor. Dazu hat man ihn ja schließlich.

»Manchmal bist du richtig hellsichtig, Schatz.«

Mhm. Gilt aber nicht beim Topfschlagen. Da haben mich die kleinen Monster so lange im Kreis tappen lassen, bis ich mir vorkam wie Lawrence von Arabien in der Wüste.

»Es ist ja auch ein Kinderspiel, Benni.«

»Ich wollte den Kleinen nur zeigen, wie es geht.«

»Wo lebst du eigentlich? Elfjährige Mädchen spielen nicht Topfschlagen!«

Mir graut vor Kindergeburtstagen. Eine Rasselbande von unerzogenen kleinen Rabauken fällt über die mühsam eingerichtete und in Schuss gehaltene Wohnung her, verwüstet alles, brüllt und heult dabei, findet alle Spielvorschläge blöd, ist permanent beleidigt, hört nicht mal mit einem Ohr zu, was man sagt, und hinterlässt ein Schlachtfeld, das einen ernsthaft darüber nachdenken lässt, das ganze Haus niederzubrennen und irgendwo ein ganz neues Leben zu beginnen. Am besten eines ohne Kindergeburtstage.

Shoppen

Wer glaubt, Einkaufengehen mit Frauen sei kompliziert, hat vermutlich keine Kinder. Wenn ich mit meiner Frau in die Stadt gehe, dann »shoppt« sie – und ich betreibe Überlebenstraining: In Kaufhäusern suche ich nach Sitzgelegenheiten, in Parfümerien meditiere ich im Stehen, in Boutiquen forsche ich nach dem Hinterausgang oder zücke mein Smartphone und spiele irgendetwas, was noch sinnloser ist, als nur zu warten. Alles also ganz normal und völlig im Rahmen.

Ganz anders, wenn man mit Kindern beim Einkaufen ist. Zunächst einmal ist es »endpeinlich«, dass Papa überhaupt meint, mitkommen zu müssen. Das ist so megahart, dass sich der Nachwuchs ernsthaft überlegt, ob er überhaupt shoppen gehen will. Aber Paps hat nun mal die Geldbörse, da drückt man schon mal ein Auge zu. Also rein in das Einkaufsparadies und ab in den ersten Laden.

»In den ersten Laden? Hallo? Alles in Ordnung, Paps? Geht's dir noch gut?«

»Wieso, ich dachte, du brauchst Schuhe.«

»Schuhe schon. Aber doch nicht so was.« Meine Tochter deutet auf das Schaufenster, in dem – nach meiner Ansicht – ganz normale Schuhe ausgestellt sind.

»Aha«, sage ich. »Sondern?«

»Sondern was Cooles, Papa. Mit solchen Tretern kann ich mich nicht in der Schule zeigen. Die lachen sich doch schlapp, wenn ich mit so was ankomme.«

»Verstehe. Und wo gibt es was Cooles?«

»Eigentlich hier drin überhaupt nicht.« Damit meint sie das Shoppingcenter. »Aber vielleicht haben sie was bei Tintins.«

»Bei was?«

»Kennst du nicht«, sagt sie und schleift mich hinter sich her, dass ihre Mutter sie beneiden würde. Die hat sich natürlich gedrückt. »Geh du mal ruhig mit deiner Tochter zum Einkaufen. Ich finde sowieso, ihr solltet öfter mal was zusammen unternehmen.«

Toller Hinweis. Was unternehmen ... Da stelle ich mir vor, dass wir mit dem Fahrrad ins Grüne fahren. Oder ins Kino oder Museum gehen. Hat unsere Tochter überhaupt schon mal was von abstrakter Kunst gehört? Von Impressionismus? Oder von Jugendstil? Oder ins Konzert. Ob sie überhaupt weiß, wer Chopin war? Wahrscheinlich denkt sie da eher an einen neuen Duft von Gucci. Was lernen die jungen Menschen heute eigentlich so in der Schule?

Als ich mich gerade frage, ob sie hier noch ein paar Millionen Quadratmeter Verkaufsfläche angebaut haben, stehen wir endlich vor dem Tintins. Schöner Laden. Will heißen: schön teuer. Schon die Preise im Schaufenster lassen mich Schlimmes ahnen. Dabei haben sie da überall noch lächerlich große Prozentschilder danebengeklebt. Vermutlich sollen dadurch die Preise kleiner aussehen. Auf dem Weg hierher hat Clara ein Dutzend Mal Halt gemacht und mich in andere Läden geschleppt, um drei Kapuzenshirts (»Wozu hat das Ding eine Kapuze? Das trägst du doch nicht draußen?« – »Papa, das verstehst du nicht«), einen Satz Unterwäsche (»Findest du nicht, dass du solche Unterwäsche noch nicht brauchst? Ich meine, ähm, dieser Slip ist doch irgendwie ein bisschen gewagt …« – »Paps, das ist kein Slip, das ist ein String. Soll ich etwa ohne Unterhose gehen?« – »Äh nein …, aber das ist doch nicht wirklich eine Unterhose«), eine Jeans (»Die ist aber ziemlich eng, Clara.« – »Ach, du findest mich also zu fett?«) und eine riesige Wollmütze (»Soll da dein Bruder auch mit reinpassen?« – »Boah, bist du lustig, Papa, ich lach mich schlapp!«) zu kaufen.

Nun also das Tintins.

Wir entern das Modeparadies, und meine Tochter kreischt augenblicklich auf, weil sie etwas so Großartiges sieht, dass sie es kaum fassen kann. Ich kann nicht mal erkennen, was es eigentlich ist, das sie so ausflippen lässt. Aber noch ehe ich sie fragen kann, ist sie auch schon von einer Verkäuferin umzingelt, die kaum weniger hysterisch auf sie einredet. Ich begebe mich vorsichtshalber etwas in den Hintergrund und überlege, ob ich hier irgendwo mein inneres Gleichgewicht finden kann. Sieht allerdings eher schlecht aus. Schon deshalb, weil die beiden aufgeregt miteinander kommunizierenden jungen Damen von einer dröhnenden, Schmerz erzeugenden Musik begleitet werden, die aus den Lautsprechern tönt.

Mein Blick nach dem Fluchtweg bleibt ergebnislos. Hier gibt es nur einen Ausgang. Und der führt an meiner Tochter und der wild gestikulierenden Verkäuferin vorbei. Erstaunlich eigentlich, denn die müsste nach optischen Kriterien die Pubertät inzwischen weit hinter sich gelassen haben.

Aber vermutlich hat sie sie geistig noch nicht überwunden. Die beiden hechten zu einem Regal mit Billigware, das beruhigt mich einigermaßen. Da stehen Schuhe, die eher nach Secondhand aussehen. Eigentlich will ich nicht, dass meine Tochter gebrauchte Schuhe trägt. Aber so, wie sich das mit dem Shoppengehen anlässt, bin ich ja schon froh, wenn wir das physisch und vor allem wirtschaftlich überleben.

Schließlich, ich bin von der Musik schon ganz verwirrt, stolpert Clara hinter dem Regal hervor, an den Füßen zwei Fässer, nein: zwei Bügeleisen ... auch nicht. Zwei irgendwas, ich kann es nicht erkennen, so etwas kannte ich bisher nicht. Braun das eine, schwarz das andere Ding. Sie wankt auf mich zu und stellt sich in Pose, als wäre das der Laufsteg von Germany's next Topmodel. »Und?«

»Und was?«

»Welche Farbe findest du besser?«

»Farbe? Seit wann gibt es farbige Bügeleisen? Wo ist denn übrigens das Stromkabel?«

»O mein Gott, Ugg-Boots!«, kreischt meine Tochter, und ihre Augen sprühen vor Glück, als hätte sie hinter dem Regal gerade den Weihnachtsmann persönlich kennengelernt. Ich freue mich ja, dass Clara so fröhlich ist. Nichts macht doch einem Vater mehr Freude als das Glück seiner Kinder. Nur: Ich kann es mir nicht erklären. »Du musst dir keine Secondhand-Schuhe kaufen«, sage ich so leise, dass die Verkäuferin es nicht hören kann. Clara hat es scheinbar aber auch nicht gehört, denn sie blickt mich nur verständnislos an. Ich wiederhole, was ich gesagt habe, und ergänze: »Du hast eine Menge Zeug eingekauft. Und ich finde es total nett von dir, dass du jetzt sparen willst. Aber bei den Schuhen kommt es immer auf Qualität an.«

»Ich wollte nur wissen, welche Farbe du besser findest«, sagt meine Tochter mit stierem Blick. »Aber Mama hat schon recht.«

»Hat recht womit?«

»Dass du keine große Hilfe beim Einkaufen bist.«

»Ach.« Nett. Mich schickt sie mit, und der Tochter sagt sie, ich sei keine große Hilfe. Nun gut, soll sich das Kind eben Secondhand-Schuhe kaufen. Die werden ihr sowieso bald von den Füßen fallen, wenn sie sich nicht vorher den Hals bricht, bei den Plateausohlen. Dann wird sie sich eines Besseren besinnen und sich etwas Gescheites kaufen. Und dann werden wir ja sehen, wer eine große Hilfe beim Einkaufen ist. »Braun«, sage ich, gehässig, wie ich mich gerade fühle. Denn die braunen sehen noch beschissener aus als die schwarzen. Als Clara zum Regal zurückstolpert, kann ich ein Kichern nicht unterdrücken. Wer traut sich mit solchen Dingern auf die Straße?, denke ich. Sekunden später kommt Clara mit beiden braunen Schuhen/Bügeleisen um die Ecke, und jetzt weiß ich es – meine Tochter. Die traut sich. Mittlerweile ist mir ein wenig schwindelig vor Scham, oder ist es das Entsetzen über den Modegeschmack meiner Tochter?

»Nimmst du also die?«, fragt die Verkäuferin Clara.

Die nickt, schielt nach mir, offenbar unsicher, ob ich in dem Zustand überhaupt in der Lage bin, meine Kontokarte noch zu bedienen. Ich winke ihr, zur Kasse zu gehen, und folge den beiden. Kurz darauf stehe ich an der Kasse und warte, bis die Treter eingepackt sind und die Kasse »Pling« macht. Dreihundert Euro. »Dreihundert Euro?«, flüstere ich heiser, da es mir die Sprache verschlagen hat. Und zu Clara: »Was hast du noch gekauft?«

»Wieso noch gekauft?«

»Na, die gebrauchten Stiefel hier können ja wohl kaum dreihundert Euro kosten.«

»Die sind nicht gebraucht«, klärt mich die Verkäuferin auf, und ich könnte schwören, dass sie ein Grinsen unterdrückt. »Das sind Original-Uggs. Die sehen so aus.«

»Die müssen so aussehen!«, ergänzt meine Tochter.

»Dann kannst du auch meine alten Stiefel tragen. Die sehen genauso aus. Ach was, die sehen tausendmal besser aus!«

Nun, letztlich lief es darauf hinaus, dass meine Tochter tödlich beleidigt war, meine Geldbörse erheblich erleichtert – und dass meine Frau mich darüber aufklärte, dass erstens auch sie solche »Uggs« besitzt (»Dass dir das nicht mal aufgefallen ist, finde ich schon hart«) und dass man zweitens über Mode nicht streiten könne. Das sei wie mit der Kunst: Man müsse sie verstehen und dann akzeptieren. Und am Ende beschloss ich, mich einfach möglichst lange nicht mehr zum Shoppen mit meiner Tochter schicken zu lassen. Da gehe ich doch lieber mit meinem kleinen Sohn einkaufen. Der will auch nicht »shoppen«, sondern kommt einfach mit in den Supermarkt, wo wir dann über »Nuss oder Vollmilch?« diskutieren oder über »Kaugummi oder das neue Micky-Maus-Heft?«.

Okay, auch das ist auf Dauer anstrengend. Aber es ist weniger zermürbend. Er hilft mir sogar beim Tragen – zumindest der leeren Körbe auf dem Hinweg. Dann streifen wir gemeinsam durch die Obst- und Gemüseabteilung (»Aber keinen Brokkoli, ja? Ich hasse Brokkoli, der schmeckt kacke!« – »Aber Ryan, Brokkoli ist supergesund. Und er schmeckt auch gut.« – »Fußballspielen ist auch gesund. Dann spiele ich lieber Fußball«). Anschließend schieben wir den Wagen durch die Wurst- und Fleischabteilung. Schnell stürme ich an der Theke vorbei, meine Frau hat mich gewarnt, warum auch immer. Doch schnell merke ich, warum. »Hey, Papa, da ist der Wurstmann!«, schreit mein Sohn so laut, dass ich nur hoffen kann, dass niemand das auf sich bezieht. Wer will schon »der Wurstmann« sein? Gemeint ist tatsächlich der Metzger. »Das ist der Metzger, Ryan«, erkläre ich ihm. »Aber wir brauchen jetzt nichts von ihm. Komm.«

»Neeeeiiin!«, kreischt mein Sohn und bleibt so abrupt stehen, dass er mir fast den Arm abreißt. »Ich will aber eine Wurst!«

»Nicht jetzt, Ryan. Komm bitte mit.«

»Ich will aber eine Wurst. Jetzt! Ich will jetzt eine Wurst!«

»Du bekommst zu Hause eine Wurst«, raune ich und sehe mich nach allen Seiten um. Einige Frauen lächeln mir verständnisvoll zu, vermutlich haben sie aus gutem Grund keine Kinder im Schlepptau.

»Okay«, sagt Ryan. »Zu Hause eine Wurst.« Ich atme erleichtert auf. »Und jetzt auch eine«, sagt er und zieht mich Richtung Wursttheke. Peinlich berührt seufze ich und folge ihm, meinerseits den Einkaufswagen ziehend.

»Na, mein Junge«, sagt der Metzger jovial. Klar, er kennt das Spiel. Vermutlich schließen sie hinter der Theke heimlich Wetten ab, wenn sie einen Vater mit Kind durch die Tür kommen sehen. »Was hätten wir denn gerne?«

»Wir hätten gerne gar nichts«, sage ich frostig. »Er hätte gerne was.«

»Aha! Und was hätte der junge Mann denn gerne?« Der Metzger beugt sich etwas vor und zwinkert meinem Sohn zu.

»Eine Wurst!«, erklärt Ryan und hält ihm die offene Hand hin. Der Metzger lacht freundlich und sticht mit seiner zweizinkigen Gabel in eine Scheibe Gelbwurst. Als er die Scheibe rüberreicht, die mein Sohnemann sich schnappt und schneller verschlingt, als unser Hund pupsen kann, ziehe ich Ryan hinter mir her in Richtung Kasse. Ich rufe dem Metzger noch ein schnelles »Danke!« zu, als Ryan die Bremse einlegt und demonstrativ die Arme verschränkt. »Ich will mehr Wurst, ich habe solchen Hunger!« Im Supermarkt wird es plötzlich ganz still. Alle glotzen uns an, und einige murmeln: »Armes Kind, kriegt nicht genug zu essen!« Jetzt wird es peinlich, megapeinlich. Ich spüre, wie mir die Schames-, oder ist es die Wut-Röte, ins Gesicht schießt. »Armes Kind? Blödsinn, armer Vater!«, rufe ich und schiebe davon in der Hoffnung, dass Ryan mir folgt. Tut er auch und überfällt mich gleich mit dem nächsten Konsumwunsch.

»Ui, schau mal, Papa! Überraschungseier!«, schreit er und düst Richtung Kasse. »Kommt nicht in Frage, Ryan!«, erkläre ich und ziehe meinen Sohn gleich weiter in die Kassenschleuse. »Jetzt wird bezahlt, und dann geht's nach Hause.« Noch ehe Protest aufkommen kann, flute ich das Band mit meinen Einkäufen, packe alles in die Körbe, während die freundliche Dame an der Kasse die Waren über ihren Scanner zieht, zücke mein Portemonnaie, zahle – und entdecke erst, als ich die letzten Sachen verstaue, dass mein schlitzohriger Abkömmling schnell und heimlich doch noch ein Überraschungsei auf das Fließband gemogelt hat, das die »freundliche Dame« natürlich ebenfalls berechnet hat. »Schäm dich!«, schimpfe ich mit Ryan, als wir im Auto sitzen und nach Hause fahren. Gerne denke ich an die Zeiten, als Clara noch mit mir in den Supermarkt zum Einkaufen ging und ab und an die »Bravo« mit in die Einkäufe schmuggelte. Auch die habe ich natürlich sofort konfisziert und heimlich selbst gelesen. Da konnte man wenigstens noch was lernen …

Urlaub für die ganze Familie – Teil 3

»Nein und noch mal nein! Ich fahre nicht mehr auf eine dieser Polarinseln im Norden!«

»Schatz, nun komm mal wieder runter. Rügen oder Sylt sind doch wunderbar, um dort den Sommerurlaub zu verbringen. Man kann mit dem Auto hinfahren, viel Gepäck mitnehmen ...«

Weiter kommt sie nicht, da sie von meinem schrillen Auflachen unterbrochen wird. Wahrscheinlich glaubt sie, dass meine – von den Kindern boshaft behauptete – Demenz alles Vergangene bereits ausgelöscht hat und ich mich nicht mehr an die letzte Polarexpedition vor zwei Jahren erinnern kann. Wir fuhren mit meinen Schwiegereltern (hauptsächlich kommt mir da immer Renate in den Sinn!) nach Rügen. Rügen, Sie erinnern sich? Eine Katastrophe!

Beate versucht nun schon seit mehreren Wochen, meinen Widerstand gegen Ferien im Norden zu brechen. Bisher erfolglos, und so wird es auch bleiben. Unsere beiden Kinder halten sich bedeckt, was dieses Thema betrifft. Wollen wahrscheinlich abwarten, wer bei dieser Meinungsverschiedenheit die Oberhand behält, und sich dann opportunistisch und berechnend auf die Gewinnerseite schlagen. Sie gehen sowieso davon aus, dass ihre

Mutter als Siegerin aus dieser Auseinandersetzung hervorgehen wird. Ohne mich. Dieses eine Mal werde ich mich durchsetzen, obwohl mich meine Entschlossenheit selbst überrascht. Wenn ich ehrlich bin, geschieht tatsächlich meist das, was meine Frau (oder meine Kinder) sich wünscht. Eine Tatsache, die Beate vehement abstreitet: »Nur wegen deiner Trägheit überlässt du immer mir die Entscheidung!«

Finde ich jetzt nicht, aber zum Diskutieren bin ich tatsächlich zu träge und lasse ihre Behauptung einfach so stehen. »Wir fahren dieses Jahr in den Süden. Ans Meer. Da ist es warm, und man kann schwimmen … nicht so wie auf deinen nördlichen Inseln, wo einem der Arsch wegfriert.«

»Au ja!«, mischt sich Ryan ein. »Im Süden gibt's auch leckere Pfannkuchen.«

Clara sieht ihren kleinen Bruder irritiert an. »Hör doch mal mit deinen dämlichen Pfannkuchen auf. Die gibt's überall.«

»Gibt's nicht. Außerdem rennen die Mädchen dort oben ohne rum, und bei dir ist nix, deswegen willste dort nicht hin!«, schreit Ryan und stapft wütend aus dem Zimmer. Schade, auch wenn Ryan erst acht ist, seine Unterstützung hätte mir gutgetan. Außerdem ist seine Bemerkung von wegen »oben ohne« nicht uninteressant. Noch ein Grund mehr, in den Süden zu fahren, denke ich mir insgeheim.

Damit ist die Ferienplanung auf der Agenda unserer täglichen Familien-Diskussionen ganz nach oben gerückt. Zwei gegen zwei.

»Beate …« Ich nenne immer ihren vollen Namen, um meinen Worten Nachdruck zu verleihen. »Beate, ich bitte dich, über meinen Vorschlag nachzudenken. Das ist ein kleines, schickes Hotel, und ganz in der Nähe liegt Cannes. Da kann man richtig toll shoppen gehen.« Ich gebe zu, besonders selbstbewusst und bestimmt klang das jetzt nicht, und der Nachdruck fehlte komplett, aber ich spüre instinktiv, dass das Wort Shoppen, zumindest bei meiner Tochter Clara, einige Glückshormone freisetzt. Jetzt gilt es nur noch, Bea zu überzeugen, aber das wird nicht einfach werden. Dazu muss ich erklären, dass Beate seit der Geburt unseres Sohnes leicht zugenommen hat (so um die acht Kilo) und ein Urlaub im Süden immer persönliche Dramen bei ihr auslöst.

- Wärme bedeutet Sonnenallergie und Mückenstiche (»Guck nicht, ich sehe so hässlich aus!«).
- Wärme bedeutet auch sexy Tops (»Guck nicht, meine Oberarme schlappern!«).
- Sonne bedeutet Bikini oder Badeanzug, und das bedeutet vor Antritt der Reise strenge Diät (»Guck nicht, ich bin so fett!«).
- Diät bedeutet miese Laune und nur sporadischen Sex, der dann in völliger Dunkelheit und bei lauter Musik stattfindet. Aus welchem Grund in völliger Dunkelheit?, frage ich mich nach fünfzehn Jahren immer noch. Dabei sehe ich Beate so gerne an. Sie ist in meinen Augen die verführerischste Frau der Welt. Mir ist klar, dass da noch einige Überzeugungsarbeit auf mich zukommt.

Tagebucheintrag: Freitag, 10. Mai, 18:47 Uhr – Schlafzimmer

Ich habe Bea heute, als ich von der Arbeit nach Hause kam, mit einem riesigen Blumenstrauß und Reisekatalogen überrascht. Nein, ehrlich gesagt, hatte ich die Prospekte erst einmal versteckt. Man mag ja nicht gleich so mit der Tür ins Haus fallen.

Ein Risiko, da Frauen oft misstrauisch werden, wenn ihre Männer scheinbar ohne Grund Blumen mitbringen. Als hätten wir ein schlechtes Gewissen oder wollten etwas verbergen … (so wie ich die Ferienkataloge).

Dieses Mal lief aber alles anders. Beate nahm die Blumen, küsste mich innig, legte Musik auf und löschte Sekunden später das Licht. Damit hatte ich nun wirklich nicht gerechnet, aber das Angebot habe ich gerne angenommen. Blöd war nur, dass ich in der Dunkelheit völlig orientierungslos in Richtung Bett stolperte, stürzte und mir den Daumen umknickte. Das war's dann. Die Schmerzen waren unerträglich, die Musik zu laut, und der Zauber der Spontaneität war futsch. Aber nicht lange. Beate wäre nicht Beate, wenn sie nicht im Stande wäre, meine Schmerzen zu lindern …

Und dennoch kam es anders.

Jeder, der Kinder hat, kennt das: Man kommt immer seltener zu den schönen Dingen zwischen Mann und Frau, wenn Sie wissen, was ich meine.

Entweder, die Kleinen halten einen so lange auf Trab, dass man praktisch aus der Senkrechten direkt ins Bett kippt und noch im Fallen ohnmächtig wird. Oder sie stehen plötzlich im Zimmer, wenn man gerade ausprobiert, ob man diese gewissen Dinge noch so richtig draufhat.

»Was machst du da mit Papa, Mama?«

»Ryan? Was machst du denn hier? Ich, äh … ich …«

»Ich habe Papa nur ein paar Bauchübungen gezeigt. Er glaubt ja, dass er zu dick ist.«

»Aber warum musst du dann auf ihm drauf sitzen?«

»Äh … das nennt man Bauchmuskeltraining.«

»Dann brauchst du Licht, Papa.«

»Halt, Ryan!« Panisch versuche ich die Bettdecke zu entwirren, um uns zuzudecken, was mir nur halbwegs gelingt. »Mach das Licht sofort wieder aus!«

»Iiii, du hast ja gar nichts an!«

Endlich. Die Bettdecke.

»Papa ist warm, Schatz.«

»Sieht man. Er hat geschwitzt.«

»Nun geh wieder schlafen, ja?«

»Ich kann aber nicht schlafen.«

»Dann trink noch einen Schluck Wasser. Das hilft.«

»Ich hab keine Lust, runter in die Küche zu gehen.«

»Dann trink vom Wasserhahn im Bad, Ryan.« Mein Ton wird rauer.

Ryan sieht uns schweigend an und überlegt. Kein gutes Zeichen, denn dann kommt meist ein Hammer.

»Diese Bauchübungen sind blöd und bringen nix, wenn Mama deinen Bauch immer wieder so komisch aufbläst. Außerdem tut das weh, weil du dabei immer so stöhnst.«

Weg ist er. Bea und ich liegen in Schockstarre.

»O Gott ...«, flüstert Beate. »Was machen wir jetzt?«

»Weiter?«

»Spinnst du? Unser Sohn hat ein Trauma, und du denkst nur an das eine. Typisch!«

»Trauma? Ryan hat doch kein Trauma. Er weiß doch gar nicht, um was es geht. So, und jetzt mach das Licht wieder aus und zeig mir noch mal diese Bauchübungen.«

Kichernd steht Beate auf und geht ins Bad. »Lustmolch. Außerdem hat dein Sohn recht, diese Bauchübungen bringen gar nichts. Sieh mal in den Spiegel. Aber ich liebe dich auch so. Dein Waschbärbauch ist mir lieber als ein Waschbrettbauch.«

Tja, die lieben Kleinen – ich nenne sie jetzt mal Spontaneitäts-Killer. Ich frage mich, wie manche Familien es geschafft haben, fünf oder mehr Kinder zu zeugen. Ich meine, zeitlich gesehen. Ein Quickie am Sonntag, wenn die Kinder die Sendung mit der Maus sehen?

Tagebucheintrag: Donnerstag, 16. Juni, 18:30 Uhr – Wohnzimmer

Es sieht gut aus! 75 Prozent der Familie habe ich von einem Urlaub im Süden überzeugt. Clara träumt nur noch vom Shoppen in südlichen Boutiquen. Ryan war einfach – den habe ich mit einem Versprechen bestochen: »Okay, ich sage Mama nicht, dass du mit ihrem Rasierer Yumi den Hintern rasiert hast.«

Na ja, erzieherisch vielleicht etwas schwach, aber strategisch überzeugend. Ich sollte vielleicht als Lobbyist in der Politik eine zweite Karriere starten. Abgesehen davon ist das Risiko gering, dass Beate unseren Hund so kahl geschoren sehen wird, da ich ihn in weiser Voraussicht bereits zu Freunden gebracht habe.

Jetzt musste ich nur noch die härteste Nuss knacken. Beate.

Aber das Schicksal meinte es gut mit mir. Ihre Lieblingsgruppe *Depeche Mode* gibt Mitte August ein Konzert in Barcelona. Über das Internet habe ich heute Morgen zwei Karten reserviert, und das war's. Meine Bea will ab jetzt nur noch an die Costa Brava. Seit gestern sitzt sie an ihrem PC und sucht nach Hotels.

Es hat geklappt, wir fahren dieses Jahr in den Süden!

Süden oder Rügen

Ferien mit Kindern können ja an sich problematisch sein. Es ist schon erstaunlich, dass der Nachwuchs, egal, wie viel Sie davon haben, nie zur gleichen Zeit das Gleiche will. Hat der eine Hunger, ist dem anderen gerade kotzübel. Der eine muss dringend aufs Klo, der andere will an den Strand. Der eine will Minigolf, der andere Miniclub – und wenn Sie noch ein drittes Kind haben, dann will das garantiert in die Minidisco, was weiß ich ... jedenfalls etwas anderes. Ruhe oder Harmonie, sich einfach in den Liegestuhl legen und ein schönes Buch lesen, scheint unmöglich. Man muss Sandburgen buddeln, Eiscreme besorgen, Luftmatratzen aufblasen und die gesamte Familie mit Sonnenöl einschmieren. Inzwischen ist alles voller Sand, die Eiscreme geschmolzen oder auf die ausgebreiteten Handtücher geplatscht, und der Kleine muss schon wieder aufs Klo.

Ich glaube, dass das der Grund war, warum Steve Jobs den iPod erfunden hat. Allein diese Erfindung macht ihn für Familienväter und -mütter zum Genie.

Kopfhörer rein, Musik hochdrehen, und schon ist man für die Außenwelt unerreichbar. Herrlich! Mittlerweile rühre ich mich nicht einmal, wenn die Kinder an mir rumschütteln. Ich täusche einfach einen komatösen Schlaf vor. Kinder sind ungeduldig und geben schnell auf.

Ich bin überzeugt, dass dies ein wesentlicher Bestandteil einer guten Erziehung ist. Man muss seine Kinder auf das Leben vorbereiten, und dazu gehört: Lernt eure Probleme selbst zu lösen. Oder anders ausgedrückt: Lasst mich in Ruhe!

»Aber doch nicht, solange sie noch klein sind! Was für ein Schwachsinn! Warum hast du dir dann Kinder zugelegt?«

»Zugelegt hast du sie dir, und ich habe mitgemacht.«

Ich glaube fest daran, dass der Kinderwunsch zu 90 Prozent von der Frau ausgeht und uns Männern einfach die Phantasie fehlt, uns vorzustellen, was uns mit einem Kind bevorsteht. Von mehreren ganz zu schweigen. Ja, ich liebe meine Kinder sehr. Aber ich liebe sie noch mehr, wenn sie eine Woche bei den Schwiegereltern sind – und ich bin mir sicher, dass es vielen so geht. Nur, wer gibt das schon zu?

Zurück zu unserem Sommerurlaub im Süden. Als wir um vier Uhr morgens schlaftrunken das Haus verließen und am Flughafen ankamen, wurde mir schlagartig klar, dass ich für all die Dinge, die schieflaufen würden, hafte.

»O Gott! Hast du die Ausweise für die Kinder eingesteckt? Wir fliegen ins Ausland.«

»Siehst du? Würden wir nach Rügen fahren, brauchten wir keine ...«

Beate macht mir gleich zu Anfang klar, wessen Idee es war, ins Ausland zu reisen. Wobei sie ihr Konzert in Barcelona hinterlistig verschweigt.

Sekunden später greift sie genussvoll in ihre Tasche und

präsentiert mir triumphierend die Papiere der Kinder. Was für eine Gemeinheit, aber man versteht sich ja zu wehren: »Um Gottes willen, Schatz! Die sind seit Dezember abgelaufen.«

»Nein!! Und das sagst du mir erst jetzt?«

»Kleiner Scherz, Schatz. Sie sind bestimmt noch gültig.«

Sind Sie schon mal per Charter geflogen? Sollten Sie Frühaufsteher sein oder, wie meine Familie von mir behauptet, unter seniler Bettflucht leiden, empfehle ich Ihnen, so eine Reise unbedingt zu planen.

Der Abflug findet meistens bei völliger Dunkelheit statt, so gegen sechs Uhr, und das bedeutet, dass Sie mit Kind und Kegel und Gepäck um 4:45 Uhr am Flughafen aufschlagen, sich in eine gefühlt zehn Kilometer lange Schlange einreihen, um dann gegen circa 5:15 Uhr endlich den Check-in-Schalter zu erreichen. Runter mit den Nerven. Ganz nach oben mit dem Blutdruck. Es ist natürlich der einzige Schalter, der geöffnet ist. Rundum könnten an einem Dutzend anderer, geschlossener Schalter freundliche Mitarbeiter der Airline die Passagiere abfertigen, zügig, zuverlässig, zuvorkommend. Aber nein, die schlafen offenbar alle noch aus. Hier blickt eine missmutig aufgelegte Mitarbeiterin der Fluglinie mehrmals demonstrativ auf ihre Uhr und verleiht ihrer schlechten Laune mit folgenden Sätzen Ausdruck: »Sind Sie nicht ein bisschen spät? Eigentlich darf ich Sie gar nicht mehr einchecken! Sie erwarten doch nicht, dass alle Passagiere nur auf Sie warten?« Schließlich reicht sie Ihnen dann gnädig die Bordkarten mit den Worten: »Jetzt aber schnell! Der Kapitän möchte los.«

Obwohl in mir die nackte Mordlust erwacht, bin ich

zu müde, um zu diskutieren. Also nicke ich nur. Wir rasen los, und natürlich ist unser Abfluggate das letzte Gate auf dem gesamten Flughafen. Im Höllentempo geht es vorbei an Toiletten, Duty-free-Shops, Zeitschriftenläden, Putzkolonnen, über Koffer, »Vorsicht Rutschgefahr!«-Schilder, haarscharf um ein Dutzend Ecken, Treppen rauf und Treppen wieder runter. Genau das ist der Augenblick, in dem Ryans Blase »Alarm!« ruft. Wir also wieder Treppe rauf und Treppe runter, haarscharf um ein Dutzend Ecken, über »Vorsicht Rutschgefahr!«-Schilder (mit kurzer Pause, bis das Kreuz wieder eingerenkt ist) und Koffer, vorbei an Putzkolonnen, Zeitschriftenläden und Duty-free-Shops, bis wir endlich wieder beim Klo sind.

»Was machen wir denn jetzt, Benni!«, kreischt meine Frau, die fluchend hinter uns her stöckelt.

»Geht ihr mal vor«, rufe ich ihr zu. »Die müssen warten, weil unser Gepäck bereits an Bord ist!«

»Mama, ich wollte noch was zum Lesen kaufen«, mault Clara, aber Beate zieht sie im Laufschritt hinter sich her. Vorbei an Duty-free-Shops, Zeitschriftenläden …

Fünf Minuten später steigen Ryan und ich, schweißgebadet von der Hetzerei, in die Maschine. Ein Spießrutenlauf ist nichts gegen den Empfang, den man uns beschert: Die gesamte Crew scheint sich versammelt zu haben, um uns mit Blicken zu töten. Aber wir sind tapfer, überleben und quetschen uns durch.

Klar, wie sollte es anders sein? Ich habe wieder mal einen Mittelplatz, die Kinder und Beate sitzen acht Reihen vor mir. Egal, denke ich, wenigstens komme ich endlich mal dazu, in Ruhe die Zeitung zu lesen. Pustekuchen. Als ich die *Süddeutsche* auspacke, blicken mich meine beiden

Nachbarn drohend an. Mir wird sofort klar, warum: Mittelplatz und Zeitung aufschlagen ist nicht drin – zu eng. Ich packe die Zeitung wieder weg, lächle beiden zu und schließe die Augen – immerhin hat heute Morgen bereits kurz vor drei der Wecker geläutet.

Als ich gerade wecknicke, sieht sich die Stewardess bemüßigt, uns in drei Sprachen zu erklären, wohin wir fliegen (als wüssten wir das nicht), wie lange wir unterwegs sein werden (als würde das jemand interessieren) und wo die Schwimmwesten sind (als würden die bei einem Absturz etwas nützen).

Drei Stunden später landen wir endlich in Barcelona. Sonne, Hitze, Palmen, was soll jetzt noch schiefgehen mit unserem Südurlaub, denke ich.

Oh, einiges! Unsere Koffer sind nicht da, und Beate hat vergessen, meinen Führerschein einzupacken. Den braucht man aber, wenn man ein Auto mieten will.

Wir nehmen uns ein Taxi ins Hotel, und Bea ruft ihre Mutter an. Sie soll den Führerschein holen und ihn per Express schicken.

»Wie? Deine Mutter hat unseren Hausschlüssel? Wir hatten fest abgemacht, dass Renate nie mehr in unser Haus darf, wenn wir nicht dabei sind!«

»Meine Güte, bist du kleinlich. Nur weil Mama mal bei uns eine kleine Party gefeiert hat, als wir in Belgien waren. Das waren vielleicht drei, vier enge Freundinnen.«

»Kleine Party? Renate hatte an die dreißig Leute eingeladen. Ich bezweifle zwar, dass sie so viele Freunde hat, aber wahrscheinlich gab es Freibier …«

»Jetzt wirst du verletzend. Immerhin ist Renate meine Mutter – die Großmutter deiner Kinder!«

Meistens gehen Diskussionen über Renate so aus. Mit anderen Worten: Logik und Einsicht sind hierbei nicht gefragt.

Ich zögere einige Sekunden und gebe dann wie üblich nach. Dann geht alles schnell. Wir steigen ins Taxi und fahren in unser Hotel. Ein Gutes hat es ja – ohne Gepäck passen wir alle in einen Wagen. Und es wird noch besser: Am selben Abend wird unser Gepäck ins Hotel geliefert.

Tagebucheintrag: 4. August, 22:45 Uhr – Hotelzimmer

Mein iPod geht nicht. Der Akku ist leer, und ich habe das falsche Kabel eingepackt. Das wird lustig morgen am Strand. Nichts mit Kopfhörer ins Ohr und abtauchen … Ob es hier in diesem Kaff einen Elektroladen gibt? Als wir ins Hotel gefahren sind, sahen die Straßen eher trist aus. Aber ich hatte Glück. Meine beiden Damen haben nichts bemerkt, da sie zu beschäftigt waren, den morgigen Tag zu planen. Shopping steht auf dem Programm. Na, das wird eine Enttäuschung! Man sollte meinen, dass der Strandbesuch Priorität hätte, wenn man 2000 Kilometer in den Süden fliegt. Nicht bei Bea und Clara.

Ich werde mir die Kopfhörer einfach in die Ohren stopfen und so tun, als könnte ich was hören. Mit Glück lassen sie mich dann in Ruhe.

Meine Zweifel waren berechtigt, es gibt nur billige Souvenirläden, erklärt man uns am nächsten Morgen an der Rezeption unseres Hotels.

»Typisch, das hast du so geplant! Ich wusste es gleich, dass ein Plan dahintersteckt!«, giftet mich Beate an, und meine Tochter ergreift sogleich ihre Partei: »Ich wollte viel lieber nach Rügen, aber du hast uns ja alle unter Druck gesetzt! Nein, ich will in die Sonne, und ihr könnt inzwischen super einkaufen gehen«, äfft mich meine pubertierende Tochter nach. Hilfesuchend sehe ich zu meinem Sohn, der aber gerade einer seiner Lieblingsbeschäftigungen nachgeht und völlig verklärt mit seinem Nintendo spielt. Von dem habe ich keine Hilfe zu erwarten.

»Freust du dich denn nicht auf das Konzert in Barcelona? *Depeche Mode* unterm Sternenhimmel ... ist das etwa nichts?«, versuche ich Beas Stimmung zu heben.

»Mal sehen, ob da nicht im letzten Augenblick wieder was dazwischenkommt. Aber jetzt lass uns nicht hier sinnlos Zeit verplempern. Du wolltest doch zum Strand, oder?«

Die Stimmungsschwankungen einer Frau gehören zu den Dingen, die mich immer wieder tief beeindrucken.

Fünf Minuten später, Ryan und ich haben unsere Badesachen zusammengepackt und wollen gerade los, als wir aufgeregte Stimmen aus dem Bad hören. Beate erklärt Clara gerade, warum sie sich für den Strand keine »Smokey Eyes« schminken darf.

»Papa, was ist denn Smokeyscheiß?«, will Ryan wissen.

»Pst, keine Ahnung«, flüstere ich ihm zu.

»Nein und nochmals nein! Du wirst dich am Strand nicht anmalen. Du spinnst wohl!« Was natürlich die logische Antwort Claras provoziert: »Klar, und was ist mit dir? Du malst dich doch auch an.« Womit sie natürlich recht hat, aber Logik bringt sie in diesem Fall bei Bea nicht weiter. Prompt kommt die Antwort: »Bei mir ist das auch was anderes, ist doch logisch …« Bevor wir in diese dramatische Schminkdiskussion mit hineingezogen werden, verlassen wir schnell das Zimmer und begeben uns auf direktem Weg zum Strand.

Strandurlaub
und andere unerfreuliche Dinge

Als wir den Strand erreichen – allein die Überquerung der Küstenstraße war eine sportliche Leistung –, erwartet uns ein Meer von Sonnenschirmen und Menschen. Allein zehn Minuten dauert es, bis wir ein Plätzchen finden, auf dem wir unser Handtuch und Ryans grünes Gummikrokodil ablegen können. Wohlgemerkt: Das Krokodil ist noch nicht aufgeblasen. Es folgt nun das so beliebte Einschmieren meines Sohnes mit Sonnencreme. Hätte ich nur auf Bea gewartet, denke ich, als ich versuche, Ryan stillzuhalten, da der – magnetisch vom Wasser angezogen – ungeduldig herumzappelt. Bevor ich fertig bin, rast er los. Ich hinter ihm her, was ich acht Stunden später mit einem gewaltigen Sonnenbrand büßen muss.

Eigentlich müsste ich mir um Ryan keine Sorgen machen. Es sind so viele Menschen im Wasser, dass es keinen Platz zum Ertrinken gibt, aber man weiß ja nie … Etwas besorgt über die hygienischen Zustände, sucht mein Blick nach Toiletten. Kann aber keine sehen. »Mach den Mund zu, Ryan!«, rufe ich, aber zu spät, Ryan spielt gerade Fontäne …

Ein Gutes hatte Rügen, schießt es mir durch den Kopf, da war es zu kalt, um zum Pinkeln ins Wasser zu gehen.

Sekunden später entdecke ich Bea und Clara, die auf der Suche nach uns sind. »Ryan, kommst du bitte mit? Mama und deine Schwester sind da. Ich muss ihnen zeigen, wo unsere Sachen sind.«

Ryan kommt natürlich nicht mit. Ihn im Blick behaltend, gehe ich rückwärts auf Beate zu, stolpere über mehrere sich sonnende Paare, eine Sandburg und eine bis zu diesem Moment besonders gut erhaltene Sammlung von Seeigeln und zeige Beate, wo mein Handtuch liegt. Mittlerweile haben sich zwei Paare gefühlte zwei Millimeter links und rechts neben unseren Sachen ausgebreitet. Jetzt wird mir klar, woher der Begriff »Tuchfühlung« kommt.

»Und wo liegst du?«, meint Beate und streckt sich entspannt auf meinem Badetuch aus. »Und ich?«, ergänzt meine Tochter zickig, was mich ahnen lässt, wie der Schminkstreit ausgegangen sein muss.

»Keine Ahnung, such dir was«, blaffe ich sie an und laufe zurück zu Ryan. Diesen Satz werde ich später bitter bereuen.

Der Abend naht, Ryan hat inzwischen so viel Wasser geschluckt, dass ich befürchte, dass sich der Meeresspiegel um einige Zentimeter gesenkt hat. Das grüne Krokodil habe ich aufgeblasen (neunzehn Minuten Schwerstarbeit), aber es ist, unbeobachtet von Ryan, aufs offene Meer abgetrieben. Ich bin einfach zu müde, um es, wie mein Sohn heulend erklärt, aus akuter Seenot zu retten. Ich verspreche ihm, morgen ein neues zu kaufen – allerdings plane ich, mit Rücksicht auf meine arme Lunge, stattdessen einen kleinen Schwimmring zu besorgen.

Langsam packen wir unsere Sachen zusammen. Ryan

hält noch immer Ausschau nach seinem Krokodil, das nun nur noch als Punkt am Horizont zu sehen ist. »Papa, du musst Freddy retten!« Als ich versuche, ihm zu erklären, dass niemand mehr schwimmend sein Krokodil erreichen kann, setzt er sein neu erlerntes Wort ein: »Weichei! Der Papa von Leopold würde das schaffen.« Trotz dieser schmerzlichen Demütigung behalte ich die Ruhe und nehme ihn an der Hand. »Morgen kaufen wir was Neues.«

Beate liegt noch immer auf meinem Platz und liest fröhlich in einer Modezeitschrift.

»Wo ist eigentlich Clara? Ich möchte ins Hotel.«

»Woher soll ich das wissen? Du hast ihr doch gesagt, sie soll abhauen und sich woanders hinlegen!« Warum müssen Frauen einem immer das Wort im Mund umdrehen? Oder ist das nur meine?

»Von Abhauen war keine Rede!«

»Aber so hat das arme Kind es aufgefasst. Sie fühlte sich verstoßen und von dir abgelehnt. Aber ich kenne das ja. Mich behandelst du auch oft so …«

Mir wird klar, dass der No-Shopping-Frust wieder aufgeflammt ist und ich gerade die Quittung dafür erhalte. Still – nicht nachhaken, denke ich und mache mich auf die Suche nach meiner »armen, verstoßenen« Tochter. Und es dauert tatsächlich nicht lange, bis ich sie finde. Oder genauer: Ich ahne die Stelle, wo sie in diesem Augenblick gerade ist. Umringt von fünf halbwüchsigen jungen Männern, liegt meine pubertierende Tochter im Sand und sonnt sich. Jetzt sehe ich auch zum ersten Mal, was für einen Bikini sie trägt. Bei allem Verständnis für die Bademode heutzutage, aber meine Tochter ist zwölf, na ja, um ehrlich zu sein, fast dreizehn, und trägt knapp 100 Gramm Stoff über ihren gerade erwachenden Körperteilen. Blinde Wut ergreift mich. Grob dränge ich die kleinen geilen Voyeure zur Seite, packe meine Tochter am Arm und ziehe sie hinter mir her. »Papa! Was soll das denn? Ich muss doch mein Handtuch mitnehmen.«

»Mein Fräulein, du kommst jetzt sofort mit. Ich pfeife auf das Handtuch!«, zische ich ihr zu. Im Hintergrund höre ich die jungen Männer lachen. Kurz erwäge ich zurückzugehen, um mich zu prügeln, aber mittlerweile glotzen uns, wie mir scheint, alle Badegäste grinsend an. »Ich wünsche euch allen ein Dutzend pubertierende Töchter!«, rufe ich und sehe zu, dass wir wegkommen.

Das Abendessen nehmen wir alle gemeinsam in einem Speisesaal von der Größe eines Flugzeughangars ein. Anstehen für Brot, anstehen für Wurst, anstehen für absolut alles, und das die nächsten vierzehn Tage. Menschen mit übervoll bepackten Tellern drängen sich an uns vorbei. Es ist immer wieder erstaunlich, wie viel manche auf einem Teller unterbringen. Das sind die wahren Verpackungskünstler. Den Reichstag zu verpacken erscheint mir da als leichtere Aufgabe.

Der König der Würstchenstapler ist freilich unser Sohn.

»Ryan, wie kannst du nur so viel Wurst essen? Wo, bitte schön, ist deine Beilage?«

»'tschuldigung.« Sagt's und inhaliert ein weiteres Würstchen. Wenig später ist er wieder da, in der Hand einen zweiten Teller, ebenso vollgepackt.

»Ryan, was hast du denn jetzt?«

»Na, meine Beilage.«

»Frikadellen als Beilage?«

»Ja, warum nicht?«, nuschelt er und setzt sich.

Ich sage es ja: Erziehung ist, wenn man trotzdem überlebt. Und so endet unser erster Tag im Süden. Kein großer Erfolg. Aber wenigstens aufregend.

Ach ja, das Konzert von *Depeche Mode* wurde wegen Krankheit eines Bandmitgliedes verschoben. Natürlich auf einen Tag nach unserer Abreise …

Allerlei Weisheiten über Kinder

Meine Vermutung ist ja, dass all die schönen Weisheiten über Kinder, die der Volksmund so bereithält, von Menschen erfunden worden sind, die nie Kinder gehabt haben – oder bei denen die Brutpflegephase schon Lichtjahre her ist. Ich fürchte sogar, früher habe ich selbst gelegentlich den einen oder anderen dieser Sprüche losgelassen. Wie auch immer – inzwischen weiß ich es besser. Und habe meine ganz persönliche Hitliste der Kinder-Sprüche.

Auf Platz fünf:
»KINDERMUND TUT WAHRHEIT KUND ...«

Manchmal frage ich mich allerdings, ob ich tatsächlich immer die Wahrheit hören will.

»Papa, du siehst aus wie Woody Allen, geil«, ist jetzt nicht unbedingt der Vergleich, der mich mit Stolz erfüllt. Okay, ich trage auch eine Brille und bin über sechzig, aber da hört die Ähnlichkeit auch schon auf.

»Mein Gott, bist du empfindlich, Ryan hat das als Kompliment gemeint!«

»Klar. Und wie würde es dir gefallen, wenn er dich mit, äh, mit Angela ... Jolie vergleichen würde?« Eigentlich wollte ich ja »Angela Merkel« sagen, habe mich dann aber nicht getraut. Sie merken, dass mich der Mut bereits in der Satzmitte verlassen hat. Was natürlich an dem Blick gelegen haben mag, den mir Beate zuwarf. Irgendwie habe ich einen Höllenrespekt vor den Blicken meiner Frau, was mich übrigens von unseren Kindern unterscheidet, die haben vor nichts Respekt.

»Stimmt gar nicht! Ich spektekiere Mama ganz doll«, zickte mich damals mein noch fünfjähriger Sohn an. »Die kann nämlich mitten beim Autofahren ihre Schuhe wechseln und telefonieren.«

»Und im Rückspiegel ihre Augen schminken«, steuert meine Tochter bei.

»Das heißt ›respektiere‹, Ryan.«

»Sag ich doch«, meint er schnippisch, geht und knallt die Tür.

Kinder haben bereits sehr früh individuelle Begabungen, die man bereits in der Frühphase fördern sollte. Bei unserem Sohn bin ich mir da allerdings im Unklaren.

Neulich kam er aus dem Kindergarten und meinte, er hätte die Grundbegriffe der Physik verinnerlicht. Da gerade dieses Fach nicht unbedingt zu meinen Stärken zählt und ich ahnte, was nun kommen würde, versuchte ich ganz schnell das Thema zu wechseln. Ohne Erfolg.

»Ich habe heute im Kindergarten mein Marmeladenbrot und das Leberwurstbrötchen an die Wand geklatscht. Wieso ist das Brot mit der Marmelade ganz schnell nach unten gerutscht und das mit der Leberwurst blieb kleben?«, fragte er mich.

Na toll, was soll man darauf antworten? Erzieherisch und physikalisch fühlte ich mich überfordert und konterte mit meiner Standard-Aussage: »Geh mal zu Mama und frag sie. Die kennt sich da aus!«

Auf Platz vier: »KINDER HALTEN UNS JUNG ...«

Jung gefühlt habe ich mich, ehrlich gesagt, als ich noch keine Kinder hatte. Seit der Geburt unserer Tochter sind mittlerweile zwölf Jahre vergangen. Aber warum fühle ich mich mindestens zwanzig Jahre älter? Kinder sind eine Erfüllung, aber, wenn wir ehrlich sind, auch Schwerstarbeit. Zunächst ist Hoffnung angesagt. Die Schwangerschaft verläuft mehr oder weniger gut, denn die Vorfreude verdrängt alle Ängste und Befürchtungen. Frau nimmt zu, Mann auch. Nach der Geburt nimmt Frau ab, Mann nicht. Er schleppt quasi das längst geborene Kind an überschüssigem Gewicht noch Jahre später mit sich herum. Ich vermag nicht zu sagen, ob es da ebenfalls einen Zusammenhang gibt, aber seit ich Kinder habe, wachsen bei mir die Haare in der Nase und den Ohren verstärkt, was man auf dem Kopf nicht sagen kann. Eher im Gegenteil.

Ich bin der Meinung, dass man junge Eltern (damit meine ich die, die gerade ein Kind bekommen haben) daran erkennt, dass sie sichtbar altern, oder nennen wir es gnädig, erschöpft aussehen. Ringe unter den Augen, Milchflecken auf der Kleidung und ein ständig gehetzter Blick auf die Uhr. »Wann muss ich zu Hause sein, wann wacht der/die Kleine auf und hat Hunger? Sind noch genug Windeln im Schrank usw.« Nein, Stress hält nun mal nicht jung!

Auf Platz drei: »KLEINE KINDER, KLEINE SORGEN …«

Ich kann mich noch gut an den Satz: »Kleine Kinder – kleine Sorgen, große Kinder – große Sorgen« erinnern. Damals hielt ich diese Behauptungen für ausgemachten Blödsinn. Allerdings sind meine Kinder inzwischen ein bisschen älter geworden.

Bedenken Sie bitte, was für Vorteile es mit sich bringt, wenn Ihr Kind klein ist, das heißt: nicht laufen oder krabbeln kann. Sie wissen immer, wo es sich aufhält, nämlich da, wo Sie es zuletzt abgelegt haben.

Problematisch wird es erst, wenn die Kleinen anfangen, sich fortzubewegen. Noch reicht es, wenn Sie die Tür schließen oder an den Ausgängen Gitter installieren. Eigentlich kann dann nicht mehr viel passieren, außer dass Ihr Nachwuchs Dinge verschluckt, die in Reichweite sind. Sie würden nicht glauben, was Ärzte schon alles bei Kleinkindern im Magen, auf dem Weg dorthin oder von dort heraus gefunden haben. Damit könnte man ganze Spielzeugläden füllen. Ganz zu schweigen von den Dingen, die in Nasen oder Ohren gefunden wurden.

Und dann kommt natürlich der Tag, an dem Sie Ihre halbwüchsige Tochter zu einer Party bringen. »Paps, du kommst jetzt nicht mit rein, oder?« – »Ich will nur mal kurz sehen, wer noch da ist.« – »Tu das nicht, Paps …« – »Nur ganz kurz.« – »Vater (so nennt sie mich, wenn es ernst wird), das ist endpeinlich!«

Oder Sie müssen eins Ihrer Kinder zum ersten Mal irgendwo rauspauken. »Ist Ihnen klar, dass Ihr Sohn das Baugelände unbefugt betreten hat?« – »Baugelände?« –

»Allerdings! Und dass wir ihn mit einer Flasche Bier aufgegriffen haben?« – »Bier?« – »Wir sind zu der Ansicht gelangt, dass Sie Ihre Erziehungsmethoden dringend überdenken sollten.«

Ein guter Rat: Schweigen Sie – denn es wird mit Sicherheit noch schlimmer!

Auf Platz zwei: »KINDER SIND UNSERE ZUKUNFT«

Dass wir uns nicht missverstehen. Ich liebe meine Kinder über alles ... meistens. Aber meine Zukunft habe ich mir, als ich noch jung war, anders vorgestellt.

Ich höre schon förmlich die Protestschreie aller, die niemals zugeben würden, dass ihre Kinder nicht die ständige, immerwährende Erfüllung ihres Seins sind.

Erlauben Sie mir, dass ich einen Blick in die Vergangenheit eines guten Freundes von mir werfe. Mit sechs wollte er Kapitän eines Dampfers werden, mit vierzehn ein berühmter Popstar, dessen größte Herausforderung es war, so viele Groupies wie möglich zu vernaschen. Mit siebzehn wurden seine Zukunftsträume ein wenig realistischer: Sein Ziel war es nun, den Nobelpreis zu erhalten. Ob in Physik oder Literatur war ihm zu diesem Zeitpunkt egal. Leider ist er dann bereits bei der mittleren Reife gescheitert, aber den Führerschein hat er immerhin beim vierten Anlauf gepackt. Da wurde ihm zum ersten Mal klar, dass es mit diesen Qualifikationen wohl nur zum Friedensnobelpreis reichen würde. Aber zukunftsorientiert, wie er damals war, beschloss er, Bundeskanzler zu werden, und trat in die FDP ein. Das war's dann, politisch gesehen. Nun ja, jeder kann sich irren.

Zukunftsträume, dessen bin ich trotzdem sicher, sind das Lebenselixier schlechthin.

Tja, aber dann wurde die Partnerin meines Freundes schwanger, und neun Monate später schenkte sie gesunden Zwillingen das Leben. Eigentlich ein wunderschönes Geschenk. Zwei gesunde, hübsche Kinder, die Erfüllung einer Liebe – bis die kleinen, süßen Monster ihr Leben vollständig übernahmen. Durchwachte Nächte, Tonnen schmutziger Windeln, Arztbesuche zu jeder Tages- und Nachtzeit und die erste wirkliche Prüfung ihrer Beziehung.

Muss ich deutlicher werden? Kein Sex, kein Schlaf, keine gemütlichen Sonntage im Bett, zumindest für die nächsten zehn Jahre.

Einundzwanzig Jahre später hat die Zukunft der beiden noch immer nicht begonnen. Zukunftsträume reduzieren sich inzwischen auf Fragen wie: Kann ich mir in zehn Jahren meine dritten Zähne leisten? Gibt es guten Sex im Alter? Und warum erhalte ich ständig Werbung von Bestattungsunternehmen?

Geld haben die beiden nur noch wenig, aber es hat wenigstens für eine gute Ausbildung der Zwillinge gereicht.

Nun hat die Zukunft der Kinder begonnen. Mögen wenigstens einige von *ihren* Träumen in Erfüllung gehen.

And the winner is:
»KINDER, KINDER, WIE DIE ZEIT VERGEHT«

Ein wahrer Spruch, der den Nagel auf den Kopf trifft.

Meine Frau versucht mir seit einiger Zeit klarzumachen, dass unsere Kinder älter werden. Was sie natürlich meint, ist: reifer. Weiß ich doch. Wir werden alle älter, aber irgendwie wirkt sich das bei Kindern anders aus. Unser Sohn weigert sich plötzlich, im Sitzen zu pinkeln, und sicherlich dauert es nicht mehr lange, bis er sich im Bad einschließt und unter seiner Matratze *Penthouse*-Hefte versteckt.

Unsere Tochter hat alle Barbies aus ihrem Zimmer verbannt und will ihre Wände schwarz anmalen. Überm Bett hängen Voodoo-Bilder, und ihr sehnlichster Wunsch ist es, sich bei Volljährigkeit einen Totenkopf auf die Stirn tätowieren zu lassen.

Beide lassen sich Deos kaufen, benutzen es aber nicht. Mir ist aufgefallen, dass man Junge oder Mädchen mit geschlossenen Augen geruchsmäßig nicht unterscheiden kann, was aber der Wissenschaft nicht dienlich sein wird.

Und bei mir? Mit zunehmendem Alter nehmen bei mir die Arztbesuche zu. Mit Sicherheit hat allein mein Orthopäde seine Dreißig-Zimmer-Villa mit meinen Honoraren mitfinanziert. Jeden Morgen komme ich mühsamer aus dem Bett. Meine Hilfe bei den Hausaufgaben ist nicht mehr erwünscht. Meine zwölfjährige Tochter erklärt mir geduldig, warum der Winkel j zwischen der x-Achse und dem in die x-y-Ebene projizierten Ortsvektor des Punktes liegt.

»Häh?«

»Papa, das ist neu. Wir haben jetzt in Mathe Funktionaldeterminante oder Jacobideterminante eingeführt.«

»Aha, verstehe!«, murmle ich und versuche das Thema zu wechseln.

Vor einer Woche kam ein weiteres grausames Erwachen. Bea war verreist, und ich war im Begriff, unsere Waschmaschine zu beladen, als ich im Wäschekorb einen roten Spitzen-BH entdeckte. Eindeutig zu kleine Körbchengröße für

Beate. Auf Nachfrage bei meinen Kindern stellte sich heraus, er gehört Clara. Mühsam bewahrte ich Fassung.

»Wieso hast du einen BH?«, fragte ich und machte mich damit zum Trottel der Familie. Ein Grinsen umgab mich. »Äh, was ich meine, ist, wieso mit Spitze?«, versuchte ich zu retten, was nicht mehr zu retten war. Das Grinsen ging in schallendes Gelächter über. »Papa, ich bin zwölf und da …«

»Okay, okay!«, stotterte ich und wechselte wieder einmal schnell das Thema.

Ich frage mich tatsächlich, wo die Zeit geblieben ist. Kaum dreht man sich einmal um, schon trägt mein kleines Mädchen rote Spitzen-BHs! Wie soll das enden? Und wo?

Papa allein zu Haus

Bea muss für ein paar Tage beruflich nach Istanbul. Clara hat gleich »Da muss ich mit! Büüütte, Mama, da kann man super shoppen!« geschrien, als sie es gehört hat. Bea hat ihr dann einfühlsam klargemacht, dass sie nicht mit kann: »Kannst ja mit Papa shoppen gehen.« Na, toll. Tochterherz wird jetzt täglich in die Stadt fahren und mein Portemonnaie leer kaufen wollen. Ich muss noch mal mit Beate darüber sprechen. Fünf Tage Strohwitwer mit zwei Kindern. Das wird ja lustig. Ich besorg uns ein paar witzige Filme, eine Großpackung Popcorn, und wir lassen uns jede Menge Pizza nach Hause liefern.

Ich gebe es zu, der Abschied fällt mir schwer. Wenn meine Frau mal für ein paar Tage verreist, ist das Haus nicht mehr dasselbe. Irgendwie fehlt etwas. Meine Frau nämlich. Sie ist die Seele des Hauses. Ohne sie ist es leer – auch wenn die Kinder da sind und so viel Unordnung machen, dass man kaum von einem Zimmer ins nächste gehen kann. Keine Ahnung, wie Bea sich immer durchsetzt. Ist sie da, ist es ordentlich. Ist sie weg, herrscht das reinste Chaos. Ich bekomme die lieben Kleinen einfach nicht dazu, irgendetwas aufzuräumen oder zumindest wegzuräumen. Wahrscheinlich bin ich einfach zu weichherzig. Frauen können sich schlichtweg besser durchsetzen.

Nun also stehen die Koffer an der Tür, und meine Frau gibt ihrem Handgepäck im Schlafzimmer noch den letzten Schliff. »Wozu packst du denn all die schöne Unterwäsche ein?«, frage ich zaghaft, denn es kommt mir schon etwas seltsam vor, dass sie für eine Geschäftsreise so hübsche Dessous braucht.

»Soll ich ohne Höschen reisen?«

»Äh, nein, ich dachte nur …«

Sie kommt auf mich zu, zwickt mich liebevoll in die Nase und haucht: »Spüre ich da einen Anflug von Eifersucht?«

»Einen Anflug? Machst du Witze? Es ist meine kranke Phantasie, die mir zu schaffen macht.«

»Oooch, du bist süß.« Sie gibt mir einen Kuss, wirft noch einen Spitzen-BH ins Gepäck und stellt fest: »So, alles drin. Jetzt muss ich los. Hast du mir ein Taxi gerufen?«

»Hab ich. Aber sollen wir dich wirklich nicht …?«

»Nein, nicht nötig. Du weißt doch, dass die Kinder am Flughafen wie die Schlosshunde heulen werden, wenn wir uns dort verabschieden.«

Das bezweifle ich zwar, aber ich nicke brav. »Also gut.« In dem Moment klingelt auch schon der Taxifahrer an der Haustür. Ich nehme das Handgepäck und trage es hinter Bea die Treppe runter. »Vier große Koffer? Bist du sicher, dass du jemals wieder zu uns nach Hause … ich meine, du wolltest doch am Mittwoch wieder da sein?«

»Keine Sorge, mein Schatz. Drei davon sind leer.«

»Du fliegst mit leeren Koffern in die Türkei? Wozu das denn?«

Bea lacht. »Darüber darfst du jetzt vier Tage nachdenken.«

Muss ich gar nicht. Sekunden später, nachdem sie weg ist, ist der Groschen gefallen: Wenn sie zurückkommt, sind die Koffer voll. Und wahrscheinlich hat sie dort noch zwei weitere gekauft, die als Übergepäck mit nach Hamburg kommen. Was meine Frau so Geschäftsreise nennt.

»Also, ihr Lieben, dann passt mal gut auf euch auf und macht keinen Unsinn, ja?«

»Ach, Mami«, seufzt Clara. »Ich wünschte, ich könnte mitfliegen.«

»Und ich wünschte, ihr würdet alle fliegen. Dann hätte ich sturmfreie Bude!«, ruft unser Sohn und hüpft um die Koffer herum.

»Woher kennst du denn den Ausdruck ›sturmfreie Bude‹?«, frage ich irritiert.

»Das hat die Babysitterin neulich gesagt, als ihr weg wart.«

»Darüber sprechen wir noch mal, wenn ich wieder da bin«, stellt Bea fest und küsst noch rasch alle – schon sehr geschäftsmäßig. Dann ist sie weg und hört nicht mehr, wie ich leidend sage: »Pass auf dich auf, Schatz. Ich hoffe, es geht alles gut. Hier, bei uns.« Und wie Clara sagt: »Tschüs, Mami, und bring mir was Hübsches mit!« Und wie Ryan sagt: »Hatschi.«

Ich werfe ihm einen alarmierten Blick zu. »Hast du gerade geniest?«

Zur Antwort niest er gleich noch mal. Und noch mal. Nein, es ist keine Allergie. Am Abend hat sich das Niesen zu einer veritablen Erkältung ausgewachsen. Ryan liegt mit 39 Grad Fieber im Bett und guckt Wickie. Ich versorge ihn mit Tee und Zwieback und Paracetamol. Wer Kinder hat, hat das Zeug ja alles im Haus. Idealerweise hat man in einer solchen Situation auch eine Frau im Haus. Habe ich jetzt unpraktischerweise leider nicht. Die nämlich meldet sich erst gegen halb neun und erklärt: »Istanbul ist ein Traum, Schatz! Du kannst dir nicht vorstellen, wie sich die Stadt seit dem letzten Mal entwickelt hat.«

»Und du kannst dir nicht vorstellen, was sich hier entwickelt hat, Bea.«

»Wieso, was ist denn jetzt wieder los?«

»... Ryan ist krank. Aber so was von.«

»Krank? Soll ich sofort nach Hause kommen?«

»Schatz, du kannst doch jetzt nicht wegen ein bisschen Fieber deine Geschäfte sausen lassen. Ich schaff das schon.« In diesem Moment komme ich mir sehr tapfer vor.

»Fieber? Wie hoch?«

»Neununddreißig.«

»O Gott! Hast du ihm Paracetamol gegeben?«

»Klar, Schatz. Hab ich. Ich hab alles im Griff.«

»Und Tee? Und Zwieback?«

»Mhm.«

»Und hast du die Heizung runtergedreht?«

»Die Heizung?«

»Dreh bitte die Heizung runter, ja? Du heizt immer zu hoch, wenn die Kinder Fieber haben. Und sieh zu, dass er nicht zu warm zugedeckt ist, sonst geht die Temperatur nicht runter. Aber auch nicht zu wenig, schließlich ist er erkältet. Und mach ihm Wadenwickel, wenn das Fieber nicht sinkt. Habt ihr was gegen den Schnupfen? Nasidings ist gut oder Medibums. Meine Güte, an alles muss man selber denken. Könnt ihr nicht mal für ein paar Tage ohne mich auskommen? Ich google gleich einen Rückflug. Ruf mich an, wenn das Fieber sinkt. Und ruf mich unbedingt an, wenn es steigt. Ruf mich einfach auf jeden Fall an. Er muss viel trinken, hörst du? Hast du ihm was zu trinken gegeben?«

Dass ich endlich was sagen darf, irritiert mich so, dass ich gar nicht vorbereitet bin und erst einmal Luft holen muss.

»Schläfst du?«, kreischt meine geliebte Ehefrau, noch ehe ich die erste Silbe gesprochen habe.

»Nein, Schatz, ich schlafe nicht, ich möchte nur was sagen.«

»Also?«

»Er hat natürlich was zu trinken. Ich habe ihm eine große Flasche Cola hingestellt. Im Moment trinkt er schon die zweite ...«

»Cola? Spinnst du? Cola ist nur was bei Durchfall. Wenn er eine Erkältung hat, ist es das Falscheste, was du ihm geben kannst. Willst du mein Kind vergiften? Der Zucker frisst die Vitamine.«

»Welche Vitamine denn?«, frage ich unvorsichtigerweise.

»Sag bloß, du hast ihm keine Vitamine gegeben! Mach ihm sofort einen großen Obst- oder Gemüsesaft. Am besten beides. Und gib ihm ein paar Multivitamintabletten. Das Kind braucht Vitamine. Und nimm ihm die Cola weg. Klar, dass er die trinkt. Kinder sind ja so unvernünftig. Er. Und du ...«

Ich beschließe, lieber keinen Widerstand zu leisten. »Schatz«, sage ich. »Es wird alles gut. Ich passe auf Ryan auf, hege und pflege ihn – und wenn du wieder da bist, wird er so frisch und fröhlich sein, als käme er direkt aus der

Autowaschanlage.« Zugegeben, vielleicht nicht das beste sprachliche Bild. Aber, ehrlich, in der Situation steht man als Mann unter Megastress: hier ein Kind, das die Seuche hat, dort eine Frau, die die Panik hat …

»Das hoff ich«, sagt sie. »Ruf mich an, ja?«

»Mache ich.«

Nachdem das Telefonat beendet ist, düse ich zurück ans Krankenbett. Ryan hat inzwischen die erste Staffel der Simpsons angefangen – und die dritte Flasche Cola. »Ich will Chips«, sagt er mit belegter Stimme.

»Sorry, junger Mann, ich glaube, die sind für deinen Hals gerade nicht das Richtige.«

»Oder Schokoladenpudding.«

»Hm. Das schon eher.« Auf Schokopudding hätte ich auch Lust. Clara sicher auch. Warum also nicht eine große Schüssel Schokoladenpudding machen? Vielleicht mit Sahne. Dann sieht doch die Welt schon wieder ganz anders aus. Und zu Abend haben wir schließlich vor lauter Hektik auch noch nichts gegessen. Also zaubere ich in der Küche aus sieben Päckchen Puddingpulver, streng nach Anweisung, einen Eimer Schlabberspaß und mache dazu noch eine weitere Schüssel mit Sahne.

Als ich fertig bin, ist Ryan eingeschlafen. Clara quatscht mit ihrer Freundin am Telefon (was sie schon seit dem Nachmittag tut). Ich messe rasch Ryans Temperatur. 38,2 Grad. Gott sei Dank, es sinkt. Ich sinke auch – auf den Sessel in Ryans Zimmer –, gucke Simpsons und tröste mich über den missglückten Strohwitwer-Start mit einem Eimer Schokoladenpudding mit Sahne.

Geweckt werde ich vom Telefon. Beate. Verschlafen schiele ich zur Uhr. Halb eins in der Nacht. »Ja?«

»Und?«

»Und was?«

»Wie ist seine Temperatur?«

»Zuletzt war sie bei ...« Ich muss mich räuspern. »Bei 38,2 Grad.«

»Zuletzt? Wann hast du denn gemessen?«

»Bevor er eingeschlafen ist. Nein, eigentlich war er da schon gerade eingeschlafen.«

»Und wo warst du?«

»Ich habe in der Küche das Abendessen gemacht.«

»Und was gab's bei euch?«

»Schokoladenpudding. Ich dachte, Ryan wird sich freu...«

»Pudding? Spinnst du? Die Zuckerpampe ist genau das Falsche, wenn man krank ist. Typisch Mann. Denkt kein bisschen nach. Wahrscheinlich hattest du selber Lust auf Pudding, was?«

»Ehrlich, ich habe nur an die Kinder gedacht.«

»Na, Gott sei Dank ist Ryan eingeschlafen. Gib ihm was Gesundes, ja? Und keinen Pudding.«

»Okay, Schatz. Mach ich.« Wird mir nicht schwerfallen, der Pudding ist längst alle. Was hat eigentlich Clara gegessen? »Ich messe jetzt noch mal Ryans Temperatur und geh dann auch schlafen.«

»Ja, tu das. Wenn das Fieber nicht gefallen ist, ruf mich noch mal an.«

Zum Glück ist die Temperatur weiter gefallen, und ich kann mich aufs Ohr legen. Aus Claras Zimmer höre ich Kichern und Gackern. Keine Ahnung, was sich Mädchen in einem gewissen Alter stunden-, ja tagelang gegenseitig erzählen können. So muss das wohl sein. Aber mit Sicherheit nicht um ein Uhr nachts. Ich klopfe an, strecke den Kopf in ihr Zimmer, flüstere streng »Mach endlich Schluss und geh schlafen«, und dann gehe ich selbst ins Bett.

Am Morgen weckt mich ein lautes Niesen. Leider ist es meines. Ryan hat mich angesteckt. Mein Hals ist auf doppelten Umfang angeschwollen, meine Nase auf dreifaches Volumen. Mit meinen Mandeln könnte ich vermutlich Nüsse knacken. O Gott, geht es mir dreckig!

Ich schleppe mich ins Bad, versuche im Spiegel meine Augen zu erkennen, die aber viel zu zugeschwollen sind. Am Frühstückstisch entdecke ich Clara, die Cornflakes mampft. Und Ryan. »Hey, alter Knabe«, krächze ich. »Wie geht's dir heute?«

»Alles supi, Papi.« Er sieht kaum von seinem Gameboy auf. »Ich muss mich beeilen, sonst komme ich zu spät zum Fußballtraining. Fährst du mich?«

Ich nicke, was ich sogleich bitter büße, weil sich alles um mich dreht. Mein Kopf muss über Nacht in der Waschmaschine gelegen haben. Schleudergang. Höchste Drehzahl. »Klar.« Mehr bringe ich nicht raus. Oder genauer gesagt, erst später im Badezimmer über der Kloschüssel. Zum Glück ist noch was von der Cola da. Ich pfeife auf die Vitamine. Erst einmal brauche ich einen halbwegs klaren Kopf. Unter Gliederschmerzen quäle ich mich in meinen Jogginganzug, dann schwingen wir uns ins Auto, und ich fahre Ryan so langsam wie möglich zum Sportverein. Ausgerechnet heute spricht mich der Trainer an: »Ihr Sohn hat ziemliche Fortschritte gemacht! Sie können stolz auf ihn sein.«

»Danke«, ächze ich und versuche ein freundliches Lächeln, das mir aber vergeht, als ich höre, wie der Trainer beim Weggehen murmelt: »Von Ihnen kann er das nicht haben.«

Karl-Heinz, der Vater von Ryans bestem Fußballfreund, klopft mir jovial auf die Motorhaube und ulkt: »Na, spät geworden gestern?«

Jetzt bloß schnell nach Hause und wieder ins Bett. So brauche ich nichts mehr zu unternehmen an diesem Samstag. Auf die Dusche verzichte ich. Auf alles andere auch. Clara sieht mich und erschrickt. »Ich dachte, du bist ein Einbrecher, Papi!«

»Tut mir leid, Schatz, mir geht's nicht gut.« Und dann tritt das ein, was einem unwiderruflich klarmacht, dass es nichts Schöneres auf der Welt gibt, als Vater zu sein: Ich liege im Bett, da bringt Clara mir ein Glas Wasser – mit Blumen drin. »Hier, Papi, damit du schnell wieder gesund wirst.« Danach verwöhnt sie mich mit einem Käsebrot (ich hasse Käsebrot, aber wenn meine Tochter es gemacht hat, dann liebe ich es) und bringt mir ihren Lieblingsfilm: *Prinzessin mit 13*. Nicht wirklich der Typ Film, den ich gerne sehe. Aber als sie sich zu mir setzt und wir gemeinsam gucken, muss ich sogar lachen, wenn Clara lacht. Und ein bisschen von ihrem Glück färbt auf mich ab und macht, dass das Kranksein gar nicht mehr so schlimm ist. Im Gegenteil: Plötzlich wird man verwöhnt! Und ich spüre, wie lieb mich meine Tochter hat. Und auch mein Sohn, der sich später zu mir setzt und mir genau erzählt, was alles beim Training passiert ist, und der mir seinen Gameboy bringt, damit ich ein bisschen damit spielen kann. Wie groß sie plötzlich sind! Ryan geht ans Telefon, als Beate anruft. Er spricht mit ihr, als sei er der Vater und ich sein Sohn. »Keine Sorge, Mama, das kriegen wir schon hin. Und wenn du wieder da bist, ist Papi bestimmt wieder fit.«

Drei Tage liegen vor mir, an denen ich meine Kinder nicht wiedererkenne – und doch genau das in ihnen erkennen kann, was ich mir immer erhofft und erträumt habe: liebenswerte junge Menschen, die sich um andere sorgen, die ihr Leben im Griff haben (und meines), die sich gar nicht so viel streiten und sogar ein bisschen was aufräumen, um ihrem Vater eine Freude zu machen. Niemals war es schöner, krank zu sein. Meine Kinder sind halt doch die allerallerbesten!

Die verrückteste Lebensform der Welt

Zugegeben, es geht in diesem Buch hoch her. Und was sich an Irrsinn ansammelt im Laufe der Jahre, die Eltern und Kinder zusammenleben, das könnte gut und gern eine ganze Bibliothek füllen. Eigentlich ist es völlig verrückt, sich eine Familie anzuschaffen: Es kostet Zeit, Geld und Nerven – von allem gefühlt mehr, als man hat. Schon das Zusammenleben von Frau und Mann steht genau genommen völlig im Widerspruch zur Natur. Beide haben einfach allzu unterschiedliche Bedürfnisse. Niemals wird ein Mann eine Frau wirklich verstehen – von der umgekehrten Variante ganz zu schweigen. Wir denken und fühlen unterschiedlich. Wir betrachten die Welt ganz unterschiedlich. Für ein gemeinsames Leben gibt es nicht wirklich eine Basis – außer der Liebe. Aber zugegeben, die macht auf wundersame Weise alles wieder gut. Zeit kann Wunden heilen, und Liebe ist das beste Schmerzmittel. Sie lässt uns darüber hinwegsehen, wie hart es für Männer ist, sich ständig Vorwürfe wegen vermeintlicher Unzulänglichkeiten machen lassen zu müssen. Frauen lässt sie verwinden, wie nervig es ist, dass er auch nach zwanzig Jahren den Klodeckel noch immer nicht runterklappt und dafür den Hintern nicht hochbringt, wenn mal was im Haushalt erledigt werden muss. Männer und Frauen sind einfach zu verschieden.

Und doch ist diese Unterschiedlichkeit nichts im Vergleich zu dem, was passiert, wenn Kinder dazukommen. Kinder! Das Wort sollte im Synonym-Lexikon unter »Katastrophen« geführt werden. Kinder behindern fast alles: das Liebesleben, die gemütlichen Wochenenden im Bett, den geruhsamen Schlaf, die Karriere- und die Urlaubspläne. Egal, was in einer Familie angeschafft werden muss, Ästhetik und Qualität sind nicht mehr die entscheidenden Maßstäbe – jetzt geht es nur noch um die Kinderkompatibilität.

Kinder kosten Kraft. Eltern sind ständig überanstrengt und unausgeschlafen. Sie kommen nicht mehr dazu, ihre eigenen Angelegenheiten zu regeln, sondern denken ständig nur noch an die lieben Kleinen. Bis die irgendwann groß sind und sang- und klanglos ausziehen.

Also, alles in allem lässt sich feststellen, dass es der blanke Wahnsinn ist, eine Familie zu gründen. Kein Mensch, der ein Hirn hat, sollte sich darauf einlassen. Einerseits. Andererseits geben liebende Partner und Kinder einem Menschen so viel an Zuneigung, Einsichten, Erfahrungen und natürlich vor allem Liebe, dass man schon ein emotionaler Eisklotz sein muss, um das nicht zu genießen. Nein: Kein Mensch, der ein Herz hat, sollte darauf verzichten.

Summa summarum kann ich sicher sagen: Die Vorteile überwiegen. Sie überwiegen bei Weitem! Ich möchte keine Minute missen, die ich mit meiner Frau und meinen Kindern zugebracht habe. Dankbar für jeden Augenblick der Gemeinsamkeit, dankbar für die wundervollste Frau auf Erden und die bezauberndsten aller Kinder, stelle ich ohne den Hauch eines Zweifels fest: Herz schlägt Hirn. Um Längen.

Mit 66 Jahren fängt das Leben an - und dann?

Sky du Mont
STEH ICH JETZT
UNTER DENKMALSCHUTZ?
Älterwerden ist nichts
für Spaßbremsen
176 Seiten
ISBN 978-3-404-60843-0

Nein, Älterwerden ist nichts für Spaßbremsen. Wer sich nicht über die eigenen Unzulänglichkeiten amüsieren kann, der ist sowieso verratzt. Was es im Dschungel der gut gemeinten Ratgeber endlich braucht, ist ein Buch, das die Wahrheit sagt und gleichzeitig amüsant ist. Eine kleine Philosophie für angehende Senioren. Ein Trost für alle, die auch vom Steh– zum Sitzpinkler geworden sind oder sich schon fast dafür schämen, wenn sie mal einer Frau unter fünfzig hinterherschauen. In diesem Buch wird nicht ein Fünkchen Wahrheit enthalten sein. Sondern ein ganzes Feuerwerk.

Bastei Lübbe